CEO 안철수, 영혼이 있는 승부

CEO 안철수, 영혼이 있는 승부

저자_ 안철수

1판 1쇄 발행_ 2001. 8. 5.
1판 98쇄 발행_ 2011. 11. 13.

발행처_ 김영사
발행인_ 박은주

등록번호_ 제406-2003-036호
등록일자_ 1979. 5. 17.

경기도 파주시 교하읍 문발리 출판단지 515-1 우편번호 412-832
마케팅부 031)955-3100, 편집부 031)955-3250, 팩시밀리 031)955-3111

저작권자 ⓒ 2001 안철수
이 책의 저작권은 저자에게 있습니다. 저자와 출판사의 허락 없이
내용의 일부를 인용하거나 발췌하는 것을 금합니다.

COPYRIGHT ⓒ 2001 by Ahn, Charles
All right reserved including the rights of reproduction
in whole or in part in any form. Printed in KOREA

값은 뒤표지에 있습니다.
ISBN 978-89-349-1791-5 03320

독자의견 전화_ 031) 955-3200
홈페이지_ http://www.gimmyoung.com
이메일_ bestbook@gimmyoung.com

좋은 독자가 좋은 책을 만듭니다.
김영사는 독자 여러분의 의견에 항상 귀 기울이고 있습니다.

CEO 안철수, 영혼이 있는 승부

안철수 지음

김영사

책머리에

　1995년 초에 《별난 컴퓨터 의사 안철수》라는 책을 썼습니다. 의사 일과 병행해서 만들어 왔던 백신 프로그램의 명맥을 이어가기 위해 연구소 설립을 추진하던 때였습니다. 미래는 불확실했지만, 인생의 전환점에 서서 그 때까지 열심히 살아 오면서 가졌던 나름대로의 생각들을 정리할 시점이라고 생각했던 것입니다.

　그 이후로 6년이라는 세월이 흘렀습니다. 천신만고 끝에 '안철수연구소'가 설립되었고, 경영 공부를 위해 미국에서 이틀에 하루는 밤을 새웠고, 과로로 쓰러진 후 병실에서 IMF 환란을 맞았습니다. 그러나 온갖 고민과 피땀어린 노력을 바탕으로 우리 회사는 국내 보안업체로는 최초로 매출액 100억을 돌파하는 중견 벤처기업으로 성장하게 되었습니다. 한 번도 쉬어본 기억이 없이 숨가쁘게 달려왔던 지난 6년이었습니다.

　지금 '안철수연구소'는 더 큰 발전을 위한 커다란 변화의 한가운데에 서 있습니다. 백신 회사에서 통합보안회사로, 작은 조직에서 큰 조직으로, 비상장회사에서 상장회사로, 국내기업에서 글로벌기업으로 변화하려는 것입니다. 한 가지 변화만으로도 벅찬 일임에는 틀림없지만, 현재에 만족하고 현실에 안주하는 것이 더 위험하다는 생각으로 적극적으로 변화의 시기를 맞이하고 있습니다.

　우리의 이러한 변화가 성공할지 실패할지 저는 아직 알지 못합니다. 그러나 도중에 어떠한 어려움이 있더라도, 지난 6

년 간과 마찬가지로 매순간 최선을 다하고자 합니다. 고민으로 잠 못 이루는 저에게 존경하는 경영자 한 분이 이렇게 조언을 해주신 적이 있습니다. '사람이 할 수 있는 일은 과정에 최선을 다하는 것뿐이며, 결과는 하늘이 주신다'고요. 저도 몸이 부서지는 아픔도 감내할 정도로 노력한 다음에, 겸허하게 그 결과를 받아들이려고 합니다.

 이 책은 제가 지난 6년 간 CEO로서 살아왔던 이야기입니다. 제가 어떤 사람이며 어떤 고민을 하고 어떻게 살아왔는지를 여과 없이 담았습니다. 사실 처음 책을 준비할 때는 많이 망설였습니다. 다른 CEO분들에게는 당연한 상식인데, 저는 처음 알게 된 것들이 너무나도 많기 때문입니다. 그러나 1995년에 인생의 전환점에서 생각을 정리하는 책을 냈던 것처럼, 이제 우리 회사의 전환점에 서서 지금까지의 경험들을 정리할 시점이라고 판단했습니다. 그 동안의 경험과 공부, 그리고 시행착오를 통해서 얻은 지식들이 벤처기업을 꿈꾸거나 시작한 분들에게 조금이라도 도움이 되었으면 하는 바입니다.

 마지막으로 원고 정리를 도와주신 김인기 씨와 좋은 책이 될 수 있도록 도움을 아끼지 않으신 김영사의 고세규 편집팀장님 및 관계자 여러분들께 진심으로 감사 드립니다.

2001년 여름의 한가운데에서 안철수

차례

책머리에
프롤로그

1부 지켜야 할 가치가 있다면 시작이다

주식회사 안철수컴퓨터바이러스연구소 • 14
작은 회사의 대표이사 • 18
테크노MBA, 의학에서 경영학으로 • 22
최악의 상황을 가정하라 • 28
새로운 파트너 • 31
맥아피 협상의 진실 • 35
병원에서 맞은 새해 • 40
작아도 앞서갈 수 있다 • 47
CIH바이러스 대란 • 52

2부 변화한다, 그러나 변하지 않는 것

인접영역과 유관영역 • 60
초심 지켜가기 • 67
백신회사가 아닙니다 • 70
국내 기반을 갖춘 후의 해외 진출 • 73
수평적 네트워크 모델 • 77

3부 영혼이 있는 기업 만들기

Built to Last • 84
핵심가치와 비전 • 89
안철수연구소의 핵심가치 • 94
우리의 존재의미와 나아갈 길 • 98
핵심가치를 뒷받침하는 제도화 • 104
진정한 기업이미지 • 108
평등한 기회와 공정한 분배 • 114

4부 긴 호흡과 엄정한 자기 기준

내 돈과 회사 돈 • 120
성장기의 기업문화 지키기 • 124
고객에게 정직해지는 법 • 128
느려도 건강한 조직 • 132
인간우위의 요소들 • 134
진정한 인재 • 137
긴 호흡의 장점 • 140

5부 신뢰 받는 동료로서의 CEO

리더는 타고나는 것이 아니다 • 146
신뢰의 구성요소들 • 150
약속 지키기 • 154
한계의 인정 • 157
기술자와 경영자 • 161
월급 받는 날은 기분이 참 좋다 • 164
바둑에서 배우다 • 167
비겁한 일 • 171
기업은 CEO의 고민을 먹고 산다 • 173
성장기의 자기 함정 • 175
당연히 팀웍이 중요하다 • 178

6부 벤처, 희망이기 위한 조건

이분법 혹은 흑백논리 • 182
인수합병에 대한 편견과 오류 • 186
실리콘 밸리에서 참고할 요소들 • 189
아웃소싱의 올바른 방향 • 194
전략적 제휴와 업무 제휴 • 198
빌 게이츠는 벤처기업가 모델이 아니다 • 201
사람이 모자란다는 불평 • 206
패러다임 변화와 CEO • 209
어떤 벤처기업에 투자할 것인가 • 212
시간이라는 자산 • 216
2000년의 교훈과 희망 • 218
차입과 상장 • 222
벤처기업과 정부의 역할 • 226

7부 새로운 모험가를 위한 벤처 클리닉

벤처기업의 출발점 • 230
사업계획서 만들기 • 233
사람 중심의 창업 • 236
정착기에 유의할 점 • 241
발전기에 유의할 점 • 247
벤처기업의 속성 • 252
벤처기업과 위기관리 • 255
아름다운 파트너십 • 258
벤처기업가의 기업가 정신 • 261

8부 나의 작은 생각들

진정한 비교의 기준 • 266
배려의 여러 모습들 • 270
문제를 해결하는 몇 가지 방법들 • 277
나와의 만남, 나의 발견 • 285
변하지 않을 것 • 288

프롤로그

6년 사이

…만약 비영리 연구소 설립이 불가능해진다면, 주식회사 형태의 연구소 설립이 불가피해질 것이다. 유학을 떠나기 전에 내가 가지고 있는 자료와 기술들을 모두 전해 주고 가야 하는데 언제까지나 기다릴 수만은 없기 때문이다.

그러나 주식회사 형태가 되더라도 백신 프로그램은 정식 상업용 소프트웨어가 아닌 공유 소프트웨어(shareware), 또는 기부금을 받아서 운영하는 기부 소프트웨어가 되도록 할 생각이다. 따라서 일반 사용자 입장에서는 백신 프로그램을 사용함에 있어서 지금까지와 차이가 없을 것이다….

1995년 초에 쓴 책에서, 나는 말미에 위와 같은 글을 남겼다. 그리고 그 해 9월 미국으로 향하는 비행기에 몸을 실었다. 행선지는 펜실베이니아대학이었다.

그 무렵 나는 약간 지쳐 있었다. 의학자로서 이루고자 했던 꿈을 접어야 했고, 본격적으로 추진한 비영리 컴퓨터백신연구소를 세우는 것이 좌절되는 등 쉽지 않은 일들을 지나온 다음이었다. 우여곡절 끝에 주식회사 형태의 연구소가 세워졌다. 그런 가운데 크게 상심한 일도 있어서, 지인들과 함께 생애 처음 폭음을 하기도 했다.

　그런 나날들을 거쳐 마침내 한국을 떠나게 되었는데, 막상 비행기에 오르니 이상할 정도로 마음이 담담하였다. 심신이 지쳤음에도 미국으로 가는 길에 내가 그토록 평안하고 무심할 수 있었던 것은 천성적으로 방어기제가 잘 발달된 탓에, 어떤 일에 대해 체념해야 한다고 생각하면 확실히 잊는 스타일이었기 때문이다. 나는 책도 보고 잠도 자면서 그날만큼은 편안한 마음으로 태평양을 건넜다.

　그리고 6년여의 시간이 흘렀다.

　그동안 우리 회사와 내가 걸어온 날들을 돌아보면, 그날 미국으로 향하던 비행기 속에서 담담한 고요를 느꼈던 시간이, 지난 6년 사이에 내가 구가했던 시간 중에 가장 평화로운 때가 아니었을까 한다. 지난 6년간 나는 백신 프로그램을 만드는 의사가 아닌, CEO로서 살아왔기 때문이다.

1부

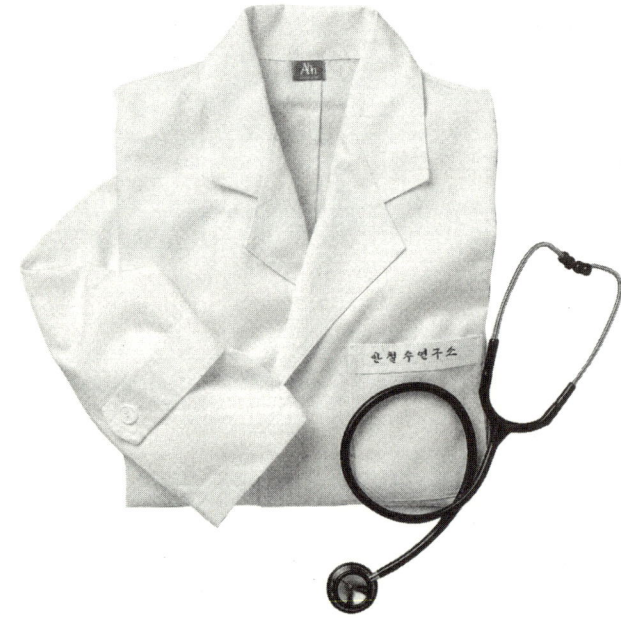

지켜야 할 가치가 있다면 시작이다

나는 우주에 절대적인 존재가 있든 없든, 사람으로서 당연히 지켜나가야 할 중요한 가치가 있다면 아무런 보상이 없더라도 그것을 따라야 한다고 생각한다. 내세에 대한 믿음만으로 현실과 치열하게 만나지 않는 것은 나에게 맞지 않는다. 또 영원이 없다는 이유만으로 살아있는 동안에 쾌락에 탐닉하는 것도 너무나 허무한 노릇이다. 다만 언젠가는 같이 없어질 동시대 사람들과 좀더 의미있고 건강한 가치를 지켜가면서 살아가다가 '별 너머의 먼지'로 돌아가는 것이 인간의 삶이라 생각한다.

주식회사 안철수컴퓨터바이러스연구소

1994년 중반부터 1995년 초까지 거의 10개월간을 실업자로 지낸 적이 있다. 미국 유학을 앞두고 비영리법인 형태의 컴퓨터바이러스 연구소를 세우기 위해 동분서주하던 시절이다.

대기업, 정부기관을 상대로 비영리법인 설립을 추진한 것은 1994년 7월부터였다. 개발한 프로그램 소스 및 자료 일체를 무상으로 제공한다는 조건이었다.

당시 가장 바람직하다고 생각한 모델은 PC메이커 대기업과 PC통신업체 간의 컨소시엄을 형성하는 것이었다. 공동출자를 통해 대기업이 연구소를 꾸려나가고, 이를 통해 개발된 백신은 종전처럼 일반 사용자에게 무료로 공급해주는 방식이었다. 이것이 여의치 않을 경우를 염두에 둔 두 번째 모델은 자금력이 있는 단일 대기업이 공익 차원에서 연구소를 운영하는 방안이었다. 이외에도 정부기관에서 연구소를 맡아서 운영하는 방안도 검토했고, 이 방식 또한 어려울 경우 동아리 같은 형태로 연구소를 운영하는 방법까지 검토했다. 그러나 이 네 가지 방법 중 어느 것도 속시원히 진행되지 않았다.

접촉을 시도한 어떤 대기업의 경우 이미 내부적으로 불가 결정을 내렸음에도 기업 이미지 때문에 2~3개월씩 통고를 미루기도 했다. 또 어떤 대기업은 경영 적자 때문에 연구소 설립을 도울 여유가 없다는 뜻을 전해오기도 했다.

그런 과정에서 나는 다양한 반응들과 마주쳤다. "무료로 제공하는 프로그램인데, 무슨 연구소가 필요합니까?"라는 말을 듣기도 했다. 또 어떤 이들은 이 일에 적극 나서는 것이 회사 내에서 자기 입지를 유지하는 데 전혀 도움이 안 된다는 것을 은연중에 내비치기도 했다.

답답했다. 결정권을 가진 사람들이 컴퓨터를 너무 모른다는 생각이 들었다. 컴퓨터 바이러스를 막을 수 있는 백신이 정보 강국으로 가는 데 있어 얼마나 중요한 문제인지를 간과하고 있다는 생각에 안타까웠다. 물론 그렇게 된 데에는 나의 추진력 부족도 한 원인이 되었다고 본다.

연구소 설립이 지지부진하던 중 한 독지가가 나서서 설립을 도와주겠다고 약속했다. 그래서 일을 도와줄 수 있는 사람도 채용했다. 그러나 후원을 약속한 분의 개인적인 사정으로 그 약속도 수포로 돌아갔고, 결국 사무실조차 구할 수 없는 상황이 되고 말았다. 하지만 이미 채용을 약속했던 한 직원과의 약속은 지켜야 했기에, 본의 아니게 그의 첫 일터는 우리 집이 되

> "무료로 제공하는 프로그램인데, 무슨 연구소가 필요합니까?"라는 말을 듣기도 했다. 또 어떤 이들은 이 일에 적극 나서는 것이 회사 내에서 자기 입지를 유지하는 데 전혀 도움이 안 된다는 것을 은연중에 내비치기도 했다.

고 말았는데, 지금도 함께 일하고 있는 고정한 씨가 바로 그 사람이다.

당시 나는 자의 반 타의 반으로 직장을 그만둔지라 수입이 없는 상황이었다. 군에서 제대한 후 의과대학 교수로 복직할 예정이었으나, 학교측과 의견 충돌이 있었다. 학생들 지도와 연구에 꼭 필요한 실험 기자재 요청을 학교측은 고압적으로 묵살했고 채용보류 결정을 내렸다.

그 당시 내가 백신 개발에 개인적으로 투자한 돈은 한 달에 1백만 원이 넘었다. 인터넷도 일상화되지 않았던 당시, 컴퓨터 통신 비용은 지금보다 비쌌고 일의 특성상 장시간 접속해야 했기 때문에 전화료는 매월 몇십만 원을 훌쩍 넘겼다. 또 컴퓨서브 등 외국 통신망에 접속해서 자료를 받게 되면 사용료는 더욱 늘어났다. 그래서 많은 자료가 필요한 경우에는 전화요금만 70만 원 가까이 나온 적도 있었다. 그리고 10권 이상 정기구독하는 컴퓨터 잡지, 외국에서 나온 소프트웨어 구입비도 만만찮았다. 거기에다 직접 뽑은 사원을 나 몰라라 하는 일은 있을 수 없었기에, 당연히 월급도 주어야 했다.

제대 직후에는 군의관 퇴직금과 원고료 등으로 어느 정도 버틸 수 있었다. 그러나 결국 병원에서 일하는 아내의 도움을 받을 수밖에 없었다. 더구나 그 무렵 딸이 초등학교에 입학했기 때문에 가장으로서의 자괴감도 문득문득 느껴야만 했다.

그러던 어느 날 한글과컴퓨터사에서 제의가 들어왔다. 연구소의 전반적인 운영과 개발은 내가 맡고, V3의 독점 판매권은 한글과컴퓨터가 보유한다는 조건으로 5억 원의 매출을 보장하겠다는 제안이었다. 주식회사 형태인 것이 매우 마음에 걸렸지만 유학을 가기 전에 어쨌든 V3의 맥을 이어야 했기 때문에 고민 끝에 그 제의를 수락했다.

이 무렵 김현숙 씨가 합류했다. 컴퓨터 잡지사의 기자였던 김현숙 씨와는 필자와 기자의 관계로 만난 사이였는데, 그녀는 이미 다른 잡지의 스카웃 제의까지 받고 있던 상황이었다. 당시는 벤처사업에 대한 비전이 전혀 없던 시절인지라 주변에서는 합류를 말렸다고 한다.

주식회사 형태의 '안철수컴퓨터바이러스연구소'는 1995년 2월 16일 기자회견을 통해 처음 발표되었고, 서초동 골목의 조그마한 사무실에서 나를 포함한 3명의 인원으로 첫발을 내디뎠다.

1995년 3월 초 직원모집 광고를 일간지에 냈다. 일반직에는 지원자가 150명 가까이 몰렸는데 기대하는 수준의 프로그램 개발자는 한 명도 찾을 수가 없었다. 컴퓨터 백신을 만들어본 경험자가 거의 없던 시절이었기 때문이다.

> 주식회사 형태의 '안철수컴퓨터바이러스연구소'는 1995년 2월 16일 기자회견을 통해 처음 발표되었고, 서초동 골목의 조그마한 사무실에서 나를 포함한 3명의 인원으로 첫발을 내디뎠다.

작은 회사의 대표이사

　주식회사 형태로 연구소가 설립되고 합작 파트너까지 결정되자 주변에서 우려하는 분들이 많았다. 그동안 고집스러울 정도로 비영리법인을 추진했던 내가 자본의 논리에 이용당할 수 있다는 걱정이었다. 또 백신 개발 초기의 의지가 꺾인 것이 아니냐며 실망감을 표하는 분들도 있었다.
　물론 주식회사 형태의 연구소가 세워지기 전까지만 해도 내 마음 속에는 비영리법인이 최선책이었다. 비영리법인을 만들 수만 있다면 다시 그쪽으로 되돌아갈 수도 있다는 생각까지 했다. 그렇지만 당시에는 주식회사 외에 다른 방도가 없었다.
　당시 주식회사 형태로라도 연구소를 만들어야겠다고 생각한 것은, V3가 지속적으로 개발되고 또 품질 등에서 경쟁력을 가지려면 시장환경에 적극적으로 대응하는 시스템이 있어야 하는데 국가기관이나 비영리조직으로 제품을 개발하면 아무래도 품질이 떨어질 수밖에 없다고 판단했기 때문이다. 위험부담이 있더라도 주식회사 형태로 가야 사용자들도 좀더 기능이 향상된 V3를 사용할 수 있으리라는 생각도 있었다. 그것은 회사를 세워서 얼마나 영업이익을 올리느냐 하는 것과는 다른 차원의 문제였다.

이외에도 주식회사 형태를 취한 것은 세부적으로 몇 가지 이유가 더 있었다.

먼저 유능한 개발자의 확보를 위해서였다. 당시 많은 사람들과 접촉하면서 알아보니 비영리기관이나 국가기관 프로그래머의 연봉이 매우 낮았다. 그런 환경에서는 능력있는 프로그래머를 구하는 것 자체가 힘들 것 같았고 지속적으로 백신을 개발해낼 수 있을지도 의심스러웠다. 나는 백신 프로그램의 지속적인 개발이 대단히 가치있는 일이라는 것을 잘 알고 있었기 때문에 V3가 유명무실해지는 것만은 두고 볼 수 없었다. 그래서 비영리기관이나 국가기관은 힘들겠다고 판단을 내렸다.

두 번째는 수출 가능성을 생각했기 때문이다. 그때 일본만 하더라도 우리에 비해 바이러스에 대한 핵심 프로그래밍 기술이 뒤떨어져 있었다. 우리 소프트웨어를 수출까지 할 수 있다면 국가경제에도 도움이 되겠다고 생각했다.

V3의 셰어웨어 공급과 관련해서는 일반 사용자들로부터 오해를 받거나 원성을 듣기도 했다. 당시 나는 개인적으로는 무료로 공급하는 것이 좋다고 생각하고 있었다. 그러나 일반 사용자가 아닌 기업체에 판매하거나 수출을 하려면 명목상으로

> 그것은 회사를 세워서 얼마나 영업이익을 올리느냐 하는 것과는 다른 차원의 문제였다.

막상 회사가 세워지자 몸과 마음이 더 바빠졌다. 그 해 9월에 나는 유학을 위해 출국할 예정이었기 때문에 그 전까지 연구원들에게 백신 개발의 모든 노하우를 전수해야 했다.

라도 셰어웨어라는 타이틀이 필요했다. 수출의 경우 국내에선 공개소프트웨어인데 돈 받고 수출한다는 것은 문제가 될 소지가 많았다. 또 미국처럼 셰어웨어가 발전해야 소프트웨어 산업도 발전할 수 있다는 믿음이 있었다.

셰어웨어 자체로 돈을 벌겠다고 생각한 적은 한 번도 없었다. 당장 직원들 월급 줄 돈이 없는 상황이 생겨도 개인 사용자에게 프로그램을 팔아서 번 돈으로 운영자금을 조달해야겠다는 생각은 하지 않았다. 기업체에 셰어웨어를 판매하거나 좀 더 고급 기능을 가진 상용 소프트웨어를 팔아서 충당하겠다는 계획뿐이었다.

실제 일반 사용자들에겐 V3가 셰어웨어가 됐다고 해서 무료 소프트웨어일 때와 달라진 것은 별로 없었다. 오히려 사용자들에게 더 많은 혜택을 줄 수 있었다.

막상 회사가 세워지자 몸과 마음이 더 바빠졌다. 그 해 9월에 나는 유학을 위해 출국할 예정이었기 때문에 그 전까지 연구원들에게 백신 개발의 모든 노하우를 전수해야 했다. V3 개정판의 셰어웨어 공급과 도스 버전 및 윈도우 버전 개발도 서둘러야 했다. 그러는 사이 6개월이 훌쩍 흘렀다.

당시 경영자로서의 고민은 상대적으로 적었다. 회사 규모가 구멍가게 수준이기도 했거니와, 연구소는 연구 개발만 하고 마케팅 및 판매는 한글과컴퓨터가 전담했기 때문이다.

그러나 회사의 책임자로서 앞날을 생각하면 늘 불안감에서 벗어날 수 없었다. 당장 수익을 창출할 시장이 보이지 않았기 때문이다. 당시 매출액이 연 1백억 원이 넘던 소프트웨어 회사들을 보면서, 우리는 언제 저렇게 되어 보나 하는 생각을 하기도 했다.

테크노 MBA, 의학에서 경영학으로

막상 회사를 세웠지만 시장이 없었던 것은, 당시 V3가 무료로 이용할 수 있는 소프트웨어로 인식되고 있었기 때문이다. 결국 시장이 열릴 때까지 기술을 개발하면서 버텨내야 하는 상황이었다.

그래도 나는 유학을 간다는 계획을 취소하지 않았다. 연구소 설립 준비로 연기된 유학이었다. 물론 30대 중반의 나이에 새로운 것을 공부하기 위해 나간다는 것은 무척 부담스러웠다. 그러나 일단 선택한 것에는 최선을 다하고 싶었다. 한 컴퓨터 회사의 TV 광고모델로 출연해서 유학경비도 어느 정도 충당할 수 있었다.

당시 나는 의학과 컴퓨터 양쪽 모두 전공을 살릴 수 있는 메디컬 인포메틱스(medical informatics), 즉 의료정보학을 공부할 계획이었다. 그러나 당분간은 회사경영에 필요한 지식도 얻기를 바랐다. 그런 계획을 가지고 입학한 곳은 펜실베이니아 대학의 EMTM 과정(Executive Master of Technology Management: 일종의 테크노 MBA 과정)이었다.

뉴욕 케네디 공항에 내린 후 다시 비행기로 한 시간을 날아가서 펜실베이니아에 도착했다.
첫 수업인 마케팅 강의에 들어가보니 외국인은 나밖에 없었다. 의학을 공부하면서 영어로 된 원서를 많이 읽었지만 듣기 훈련이 안 된지라 강의에 익숙해지는 데 많은 시간이 들었다. 더구나 마케팅은 처음으로 접하는 분야여서 초보적인 개념도 정립되어 있지 않은 상태였다. 그렇다고 해서 초면의 미국인들에게 모르는 걸 물어보기도 망설여져 참으로 곤혹스러웠다.

2년이 지난 후, 나는 기술경영학 석사 학위를 받았다. 의료정보학으로부터 멀어진 것은, 시간이 지남에 따라 경영 쪽으로 자의 반 타의 반 선택을 해야 하는 상황이 되어버렸기 때문이다.
일반 MBA가 금융업·제조업 등의 전 산업분야에 걸쳐 필요한 경영을 배우는 데 비해서, 테크노 MBA 과정은 말 그대로 첨단 기술의 경영에 관계된 부분을 배우는 과정이다. 따라서 경영과 기술적인 지식 모두가 필요한 벤처기업의 경영을 맡은 나 같은 사람에게는 맞는 과정이었다.
지금에야 말하지만 의대를 졸업하고 대학원·박사과정을

거치면서 임상의가 아닌 연구실을 택한 나에게는 나름대로의 꿈이 있었다. 전공인 생리학 분야에서, 열심히 노력해서 언젠가는 노벨의학상을 받겠다는 꿈이었다. 회사를 만들면서 그 꿈은 완전히 접었지만, 의료정보학을 꿈꾸면서 의학 분야를 완전히 포기한 것은 아니었다.

그런데 미국 도착 후의 상황은 나를 점점 더 회사경영 쪽으로 밀어내고 있었다. 우선 아무리 작은 회사라지만 주식회사 형태의 연구소가 차려진 마당이니 사장으로서 경영을 알아야 했다. 아무런 소질도 경험도 없이 회사를 만든 탓에 시행착오를 줄이려면 경영공부를 한시라도 빨리 하는 것이 회사를 위하는 길이었던 것이다.

그리고 경영학에서 배운 것을 회사 운영에 적용하는 가운데 스스로도 조금씩 경영학의 가치에 눈뜨게 되었고, 그런 가운데 의학과는 완전히 결별해야 한다는 생각을 하게 되었다. 결국 펜실베이니아 대학을 졸업할 무렵에 나는 10년 이상 공부해온 의학과 완전히 결별하였다. 당시 아내와 부모님은 나를 전적으로 신뢰했기 때문에 나의 선택에 어떤 반대의사도 표명하지 않았다

회사 일로 한국에 잠시 돌아와 그 사실을 한 직원에게 말했을 때 이런 대화를 나눈 기억이 난다.

"이제 사장님도 참 피곤하게 됐네요."

"왜요?"

"생각해 보세요. 사람들이 예전에 사장님을 좋아했던 이유

는 의사임에도 컴퓨터 관련 일을 했기 때문이었잖아요. 또 회사를 세운 후에도 전문경영자가 아니고 의사이기 때문에 실수를 좀 하더라도 봐주는 면도 있었을 테고요. 그런데 이제부턴 그런 여지가 싹 없어지는 것 아닙니까."

그것은 값진 충고였다. 그 얘기를 듣고 나니 '아, 이제 나를 보호해줄 안전판이 완전히 사라진 거구나' 하는 생각이 들었다. 앞으로는 철저히 경영자로서 검증을 받아야 하고, 연구소를 성장하는 회사로 키우는 것 말고는 다른 선택의 여지가 없다는 생각이 들었다.

나는 스스로 포기하거나 체념한 것은 잘 잊는 편이다. 그래서 비록 자의 반 타의 반이긴 했지만 지금도 의학을 그만둔 것에 전혀 미련이 없다. 때로 의학 분야의 박사학위나 교수 경력이 오히려 짐처럼 느껴진다. 경영자로서 나의 미래를 보장하기는커녕 오히려 내 앞길을 가로막을 수 있는 장애물로 인식되는 것이다.

몸은 미국에 있었지만 법적으로는 주식회사의 대표였다. 한글과컴퓨터사의 출자를 받는 조건 중 하나가 내가 대표이사를 맡아야 한다는 것이었고, 그것을 받아들였으니 의당 책임을 져야 했다. 한국에선 김현숙 씨가 중심이 되어 업무를 챙겼지만 중요한 결정은 내가 해야 했다.

그래서 공부를 하는 틈틈이 회사 일을 챙겼다. 문서가 필요한 업무 연락은 처음엔 학교의 인터넷망을 이용할 줄 몰라서

> 공부는 개인적인 선택이지만, 회사 일은 나 이외에도 여러 사람의 미래가 달려 있는 문제였다.

팩스로 했고, 어느 정도 여유가 생긴 뒤에 컴퓨터를 구입해 이메일로 처리했다.

매달 한 번 이상 한국에 와야 하는 상황은 공부에 큰 방해가 되었다. 제일 큰 문제는 3주 정도 집중하면 귀에 들어오는 영어가 한국에 돌아와 한국어로 한참 떠들고 돌아가면 다시 들리지 않는 일이었다. 또 한국에서 중요한 관계사의 요청이 있을 때에는 만사를 접고 귀국해야 했기 때문에 계획대로 학업 스케줄을 잡을 수 없다는 단점도 있었다. 물론 회사 일과 공부 중에서 우선순위를 따진다면 회사 일이 우선이었기 때문에 그것을 고생이라고 생각하지는 않았다. 회사가 존재하지 않으면 경영학을 공부하는 의미가 없었기 때문이다. 또 공부는 개인적인 선택이지만, 회사 일은 나 이외에도 여러 사람의 미래가 달려 있는 문제였다.

의학공부만 10년 넘게 해왔고 회사 경험이라야 6개월 정도이고 남는 시간엔 프로그래밍을 주로 해온 나에게, 경영학은 여전히 낯선 학문이었다. 그러나 신기한 것은, 시간이 지나면서 경영학을 통해 배운 것들을 한국과의 업무 협의에 조금씩 적용할 수 있게 되었다는 점이다. 한국과는 하루 평균 2시간 정도 이메일로 업무 연락을 했는데, 조직론을 배우면 그것을 회사 업무에 적용하는 식으로 경영기법을 응용해 나갔다.

사실 웬만큼 공부를 했더라도 학위는 충분히 받고 귀국할 수 있었다. 문제는 선택한 것에 대해서 병적일 정도로 대충대충

하지 못하는 나의 성격이었다. 그래서 숙제도 꼬박꼬박 했고 스스로 만족할 수 있는 수준의 리포트를 작성하려고 자주 밤을 새웠다.

회사 일과 공부, 두 가지를 제대로 해야겠다는 생각에 생활계획도 빡빡하게 짰다. 일과 공부의 양이 늘어나자 잠 자는 시간도 대폭 줄여야 했다. 그래서 이틀에 하루는 밤을 새울 수밖에 없었다. 1995년 9월부터 1997년 8월까지의 2년은, 개인적인 휴식에는 시간을 전혀 투자하지 않았다. 늘 몸과 마음이 바빴고 시간은 부족했다. 때로는 너무 힘들어서 죽고 싶다는 생각이 들 때도 있었다.

펜실베이니아 대학은 가을이 아름답다고 한다. 그러나 나는 지금도 캠퍼스의 단풍이 얼마나 아름다웠는지 기억나지 않는다. 내가 수업에 들어간 강의실 외의 학교 풍경도 선명하게 떠오르지 않는다. 당시 내 눈에 풍경이 들어오지 않았다는 것이 정확한 표현일 것 같은데, 학교 풍경이 제대로 눈에 들어온 것은 졸업할 무렵이 되어서였다. 대학원 공부를 마쳤을 때 나는 머리에 내재화된 경영학의 무게감을 느낄 겨를도 없이 그저 날아갈 것만 같았다. 마침내 지옥에서 벗어났다는 생각이 들었다.

> 회사 일과 공부, 두 가지를 제대로 해야겠다는 생각에 생활계획도 매우 빡빡하게 짰다. 일과 공부의 양이 늘어나자 잠 자는 시간도 대폭 줄여야 했다. 펜실베이니아 대학은 가을이 아름답다고 한다. 그러나 나는 지금도 캠퍼스의 단풍이 얼마나 아름다웠는지 기억나지 않는다.

최악의 상황을 가정하라

　나는 아직도 미국 유학시절 회사와 업무 협의를 했던 팩스 문건을 다 보관하고 있다. 팩스용지는 파일 박스 하나를 가득 채울 정도이다. 물론 이보다 훨씬 많은 양을 이메일로 협의했다.
　그때 그렇게 회사 일을 안고 살아야 했던 것은 당시 우리 회사는 아주 작고 약한, 갓난아기와 같은 존재였기 때문이다. 출범 무렵만 해도 한글과컴퓨터의 지원을 믿고 홀가분하게 떠날 수 있었는데, 자금문제 등 그 이후의 상황은 회사를 언제 공중분해될지 모르는 상황으로 몰고 갔다.

　한글과컴퓨터사가 보장했던 매출대금 지급이 늦춰지는 일이 벌어지기 시작했다. 그런 일이 벌어진 데에는 한글과컴퓨터와 계약 관계를 세밀하게 하지 않은 나의 책임도 컸다. 월급을 주려면 매달 일정액의 돈이 회사로 들어와야 하는데, 계약서 상에는 1년에 얼마의 매출을 보장한다는 식으로 막연하게 규정되어 있었던 것이다. 결국 월급 줄 돈이 연말이 되어 들어와도 할 말이 없는 상황이 되어버린 것이다.

급기야 직원에게 줄 1천만 원 정도의 월급이 전혀 없는 사태가 발생했다. 나는 나중에 김현숙 씨의 사후 보고를 받고 그 사실을 알았다. 월급은 일단 줘야 하니까, 김현숙 씨가 친지에게 돈을 빌려 월급을 주었다는 거였다. 나는 처음으로 그 사람을 책망했다. 직원들의 월급을 챙겨주는 것은 어떤 일이 있더라도 나의 책임이라고 생각했기 때문이다.

결국 부모님께 처음으로 1천만 원을 빌렸고 그것을 김현숙 씨에게 돌려주었다. 많은 정성을 쏟았던 의학을 포기하면서까지 벌였던 사업이기에 부모님께 도움을 청하는 일은 있을 수 없다고 생각했던 내 심정은 매우 참담했다. 결국 나중에 돈이 생겼을 때 부모님께 빌린 돈부터 돌려드렸다.

이 일을 계기로 얼마 동안 나는 그나마 얼마 되지 않았던 대표이사 월급을 받지 않았다. 결국 수업료와 기본적인 생활비를 충당하느라 빠듯한 생활을 했고 조교 생활, 군의관 생활을 하면서 십 년 동안 저축한 돈을 조금씩 까먹었다. 나중에 그 돈마저 떨어졌을 때는 직장에 다니는 아내의 도움을 받아야 했다. 당시 내 입장에선, 내 월급이라도 유보시켜서 회사 자금을 확보하자는 생각이었다.

나중에 한글과컴퓨터에서 돈이 들어온 후 사정을 익히 아

우리 회사는 현재도 월말에 결재하는 식의 외상거래는 있지만 기본적으로 차입금은 없다.

는 김현숙 씨가 월급과 더불어 미국 거주비를 보조하겠다고 제안했지만 나는 일언지하에 거절했다. 회사 상황도 어려운데 내 공부 보조까지 하는 것은 터무니없는 일이란 생각이 들어서였다.

우리 회사는 현재도 월말에 결재하는 식의 외상거래는 있지만 기본적으로 차입금은 없다. 지속적으로 성장하는 탓도 있지만, 사업 초창기의 경험을 통해 차입하지 않는 것을 경영의 한 원칙으로 삼고 있기 때문이다. 그리고 나는 그 경험을 통해 회사라는 건 아무리 작은 규모라도 장부상으로는 흑자인데 현금이 부족한 경우가 생기며, 그러므로 늘 자금관리는 최악의 상황을 가정하고 계획을 세워야 한다는 것을 배웠다. 물론 이러한 내용은 경영자에게 상식에 속하는 것이지만, 나로서는 그 전에는 몰랐던 내용이다.

당시 어려운 자금사정에도 불구하고 그나마 다행이었던 것은, 인간적으로 신뢰할 수 있는 사람들이 한국에서 회사를 끌어가고 있었다는 사실이다. 관리부문은 김현숙 씨가 있었고, 개발부문은 연구소 설립 당시 한글과컴퓨터에서 파견 나와 나중엔 회사에 합류한 조시행 씨가 나의 부재를 메워주었다. 결국 나는 좋은 가치관을 가진 사람들 덕분에 학생으로서 최선을 다할 수 있는 2년을 보장받았던 셈이다.

> 그 경험을 통해 회사라는 건 아무리 작은 규모라도 장부상으로는 흑자인데 현금이 부족한 경우가 생기며, 그러므로 늘 자금관리는 최악의 상황을 가정하고 계획을 세워야 한다는 것을 배웠다.

새로운 파트너

　미국에서 공부하며 가장 절실하게 깨달은 것은 경영은 종합예술과 같다는 것이었다. 유학갈 때만 해도 경영은 아무나 할 수 있는 것이라고 생각했다. 그런데 막상 경영학을 배우면서, 누구나 노력 여하에 따라 전문가가 될 수는 있지만, 성공적인 경영자가 될 수는 없다는 것을 깨닫게 되었다.
　경영자는 인사, 재무, 마케팅, 영업, 고객지원, 전략기획, 비전세우기 등을 총괄적으로 진행해야 한다. 그런데 이것들은 자기 마음 편한 대로 하나 끝내고 또 하나 시작하는 식이 아니라, 동시다발적으로 진행해야 한다. 더구나 한 번 결정하면 끝나는 것이 아니라, 끊임없이 변화하는 시장환경에 따라 수시로 최적의 판단을 하면서 바꾸어 나가야 한다.
　그런 깨달음이 있은 후 약간은 참담한 기분이 들었다. 당시 기준으로 따지면 나는 완벽하게 자격이 부족했기 때문이다.

공부하며 가장 절실하게 깨달은 것은 경영은 종합예술과 같다는 것이었다. 유학갈 때만 해도 경영은 아무나 할 수 있는 것이라고 생각했다. 그런데 막상 경영학을 배우면서, 누구나 노력 여하에 따라 전문가가 될 수는 있지만, 성공적인 경영자가 될 수는 없다는 것을 깨닫게 되었다.

결국 경영학을 알면 알수록 더 공부를 파고들어야 하는 상황이 이어졌고, 그런 가운데 한국에선 1996년 1월 첫 상용제품 V3 Pro 95가 출시되었다.

그 무렵 회사는 홀로서기의 필요성을 절감하고 있었다. 연구소 출범 이후 제품개발과 연구부문에서는 어느 정도 성과가 있었으나, 영업부문에서는 실적이 별로 없었기 때문이다.

연구소를 설립할 때 한글과컴퓨터는 백신 판권에 대한 선지급금을 주고 대신 백신 총판권을 가져갔다. 그러나 한글과컴퓨터는 워드프로세서를 개발·판매하는 회사였기 때문에 1년에 몇십 번 이상의 업데이트가 필요한 백신 프로그램을 가지고 있지 않았다. 마이크로소프트에서 백신 소프트웨어 사업을 하지 않는 것도 같은 이유에서이다.

연구소의 독자적인 백신 영업만이 회사가 살 길이라는 사실은 시간이 지남에 따라 더욱 분명해졌다.

그런 가운데 1996년부터 시작된 바이러스 캘린더 제작 등 고객지원 업무가 늘어나면서 직원도 10명이 넘어 사무실이 너무 좁아지자 서초동 남부터미널 근처의 한 골목에 새 사무실을 얻게 되었다. 일명 '베드촌' 이라 불리던 그곳은 사무실 창을 열면 사방으로 온통 여관 간판들만 보였고, 드나들던 기자들은 사무실이 마치 가내수공업 공장 같다는 말을 하곤 했다.

하지만 우리가 가진 자금으로 더 좋은 사무실을 얻는 것은 생각도 할 수 없었다. 독자적인 백신 영업으로 매출이 발생하기 전까지는 쥐어짜는 절약과 부단한 개발만이 살길이었다.

그런 가운데 매달 한 번은 한국에 오는 생활이 반복되었다. 당시 우리는 독립적으로 마케팅과 세일즈를 해야 한다는 내부 방침을 정한 상태였고, 한글과컴퓨터도 내부사정으로 우리 회사 지분을 주위에 매각하려고 알아보던 시점이었다.

상황이 그렇게 되어버리자 지속적인 개발에 자금을 출자해주고 영업을 도와줄 새로운 파트너가 필요했다. 결과적으로 우리는 삼성SDS라는 파트너를 만날 수 있었지만, 그러한 성과가 있기까지, 처음 연구소를 후원해줄 기업을 찾을 때처럼 길고도 지루한 1년을 보내야 했다.

당시 회사의 입장에서 당장 생존에만 급급했다면 자금을 투자할 파트너를 좀더 빨리 확보할 수 있었다. 그러나 나는 회사의 장기적 발전을 염두에 두고 신중하게 최적의 투자자를 찾아 나섰다.

삼성SDS의 경우도 처음 제안서를 보낸 후 6개월간은 진행이 지지부진했다. 더 이상 시간을 지체하면 안 될 것 같아서 내가 직접 당시 남궁석 사장님에게 장문의 팩스를 보낸 다음에야 일이 진척되기 시작했다.

결국 우리 회사는 삼성SDS가 투자한 첫 번째 벤처기업이 되었다. 투자협정을 맺는 과정에서 당시 우리는 훈련된 비즈니스마인드나 경험이 없었기 때문에 여러 가지로 엉성함을 보였다. 조그만 회사가 대기업의 지분 참여를 받을 때에는 아무리 회사가 작더라도 많은 것을 검토해야 하고, 이에 근거하여 매우 정교한 계약서를 만들어야 한다. 그런 면에서 우리는 서두르지는 않았지만 준비가 되어 있지도 않았다.

그래도 어쨌든 그것은 의미있는 전략적 제휴가 되었다. 당시 외국 경쟁사들도 삼성그룹이 가지고 있는 큰 시장을 노리고 있던 상황이었다. 그런데 우리는 투자유치 외에 우리 제품을 삼성그룹에 공급할 수 있는 통로도 확보하게 되었다. 만약 그때 그 시장을 경쟁사에게 뺏겼다면 회사는 성장에 큰 영향을 받았을 것이다. 더구나 삼성 쪽을 담당할 영업 인력을 다른 쪽으로 돌려쓸 수 있어서 인력을 절약한 것도 덤으로 주어진 이점이었다.

1997년 3월 제휴식이 있었다. 한글과컴퓨터가 보유했던 백신 제품에 대한 판권은 회수해서 우리가 직접 관리하기로 했고, 한글과컴퓨터는 총판의 하나로 전환되었다. 삼성그룹 내 판권에 대해서는 삼성SDS에 권리가 주어졌다. 당시 독자적인 백신 영업의 첫 상품은 V3Pro 97과 노벨 네트웨어용 백신 소프트웨어인 V3Net이었다.

삼성SDS와의 제휴가 완료된 다음에도 한 달에 한 번 정도 한국에 오는 일은 계속되었다. 그것은 1997년 10월 30일, 2년여의 미국생활을 마치고 귀국할 때까지 계속 이어졌다.

> 그것은 의미있는 전략적 제휴가 되었다. 당시 외국 경쟁사들도 삼성그룹이 가지고 있는 큰 시장을 노리고 있던 상황이었다. 그런데 우리는 투자유치 외에 우리 제품을 삼성그룹에 공급할 수 있는 통로도 확보하게 되었다.

맥아피 협상의 진실

　외국기업의 인수 제의를 받게 된 것은 졸업을 앞둔 시점이었는데 맥아피, 시만텍, 트렌드 등이 인수 제의를 해왔다. 그들이 인수에 적극적인 태도를 보인 데에는 나름대로의 시장논리가 있었다.
　미국의 경우 1990년대 초부터 성장한 백신 시장이 1997년을 정점으로 성장세가 주춤해졌고 결국 보안기업들은 아시아 시장으로 눈을 돌리고 있었다. 당시 한국은 경기가 좋아서 외국기업들이 본격적으로 투자를 시작할 때였고, 아시아에서 한국은 일본에 이어 제2의 백신 시장이었다. 시장조사 과정에서 그들 눈에 우리 회사의 존재가 포착된 것이다.
　1997년 6월 맥아피는 실리콘 밸리에 있는 본사로 나를 초청했다. 당시 맥아피는 바이러스 백신인 '스캔'이란 제품으로 유명했고 일본의 유일한 백신 소프트웨어 회사인 '제이드'를 이미 사들인 상황이었다. 내 입장에서는 일단 그들의 정확한 의도를 확인할 필요를 느껴 초청에 응했다.

나를 맞이한 사람은 맥아피의 빌 라슨 회장이었다. 그는 내 앞에서 직접 브리핑을 한 후 이런 제의를 했다.

"백신 V3를 우리한테 파시오. 당신 회사를 인수하는 조건으로 1천만 달러를 지불하겠소."

그들의 인수 제의도 놀라웠지만 그들이 제시한 금액은 예상을 훨씬 뛰어넘는 금액이었다.

그렇지만 나는 일말의 갈등도 없이 그 제의를 거절했다. 그 아무리 높은 금액이라도 국내 소프트웨어 산업 보호와 직원들에 대한 책임감 앞에서는 나에게 수용 조건이 되지 못했다. 만약 그때 회사를 넘겼다면 국내 백신 가격은 턱없이 비싸져서 지금쯤 바이러스가 훨씬 더 기승을 부리고 있을 것이다.

처음부터 분명히 거절의사를 표했음에도 그들의 인수 제의는 집요하게 이어졌다. 맥아피측은 그 정도 돈이면 미국에서도 요트를 타면서 평생을 편안하게 보낼 수 있다며 나를 설득하려고 했다. 나는 수차례 인수 제의를 거절하는 대신, 1997년 말에 영업부문에 대해서만 그들과 업무제휴를 맺었다. 그것은 맥아피로서는 만족할 만한 것이 아니었지만 협상의 주도권은 어디까지나 우리에게 있었다. 그러나 이 업무제휴조차도 1998년 초에 맥아피측의 일방적인 해지 통고로 무산되었다.

맥아피의 사업 마인드가 우리 문화와 맞지 않았음에도 영업

분야에서 제휴를 하려고 했던 데에는 나름의 전략적 배경이 있었다. 엄밀히 평가하면 우리는 1996년까지만 해도 회사다운 조직이 아니었다. 독자적인 마케팅을 한 것도 1997년 삼성SDS가 투자한 후부터이다. 그 무렵 고민 중 하나는 아직도 허약하기 짝이 없는 우리 회사를 어떻게 지속적으로 성장·발전시킬 것인가 하는 점이었다.

1996년까지만 해도 백신 제품은 거의가 클라이언트 PC 기반 솔루션이었다. 그런데 1997년에 이르러서는 인터넷이 확산되고, 네트워크가 부상하기 시작했다. 네트워크가 복잡해짐에 따라 바이러스가 침투할 틈새가 많아졌고, 그 중 하나라도 허술하면 곧장 뚫리는 상황이 도래했다. 그러니까 모든 하드웨어, 소프트웨어 플랫폼에 맞출 수 있는 솔루션을 가지고 있어야 고객 컴퓨터에서 바이러스를 완벽하게 막아줄 수 있었다.

그러므로 우리 회사가 고객의 욕구에 부응하면서 성장을 지속하려면 토털 안티바이러스 솔루션이 절실한 상황이었다.

그런데 1997년 초까지만 해도 우리에게는 서버 솔루션이 부족했다. 당시 내가 판단하기에 우리 회사가 모든 서버 솔루션을 출시하려면 적어도 2년은 걸릴 것 같았다.

그 2년간 우리 회사가 과연 살아남을 수 있을까 하는 의구심과 위기감을 느꼈다. 물론 그때도 기업 고객들은 백신을 PC에 깔아 사용했지만, 변화할 패러다임에 맞는 상품을 준비하지 않으면 장기적으로 우리는 도태될 수밖에 없는 상황이었다.

결국 시간을 벌어야 했다. 외국기업과 정면충돌하기보다 그들과 협력하여 백신 솔루션 대신 다른 것을 팔게 함으로써 공세를 늦추고 한편으론 서버용 솔루션을 자체 개발해야 했다.

또 당시 상황은 백신에 만족해서 얼마간은 버틸 수 있을지 몰라도 외국기업들은 이미 보안 솔루션으로 눈을 돌리고 있었다. 그래서 더 장기적으로는 보안 솔루션도 개발한다는 청사진을 세웠다. 우리의 핵심기술을 유지·발전시키되 그들의 공세를 늦추는 방법으로 판매부문에서의 협력관계를 제안한 것이다. 당시에는 맥아피 외에도 경계해야 할 경쟁자가 많았다. 1997년에는 트렌드가 당시 한글과컴퓨터와 삼성SDS가 가지고 있던 우리 회사 지분을 인수하려고 시도했던 적도 있었다. 또한 시만텍, 샤이엔(현 컴퓨터어소시에이츠) 등도 기술적인 제휴나 합작법인 설립을 제의해왔다.

후일담이지만, 오랫동안 내가 맥아피의 인수 제의를 거절한 사실을 아는 사람은 거의 없었다. 미국에서 돌아온 뒤에도 사원들에게 세세한 내막까지는 얘기하지 않았던 것은, 알릴 가치가 없는 일이라고 생각했기 때문이다.

그 사실이 세상에 알려지게 된 건 아주 우연한 일 때문이었다. 당시 맥아피측과 만날 때 나와 우리 회사측 한 사람이 참석했고, 우리에게 출자한 주주 자격으로 삼성SDS 관계자 한 사람이 동석했다. 시간이 많이 지난 후 한 일간지 기자가 실리콘밸리로 출장갔다가 다른 업무로 맥아피 협상 때 동석했던 삼성SDS 사람과 식사를 하게 되었다. 식사를 하다가 여담으로 삼성SDS 사람이 그 사실을 말했고 얼마 뒤 그 내용이 신문에 나오게 된 것이다. 그 날 두 사람의 식사 자리에서 그 얘기가 나오지 않았다면 그 사실은 영원히 공개되지 않았을 것이다.

그 시절, 우리 회사는 나름대로 흔들리지 않는 기준을 가지고 외국업체의 공세에 대응하고 있었다. 그리고 특히 보람있게 생각하는 것은, 우리는 국산 소프트웨어 업체였지만 애국심에 기대지 않고 제품기획 등에서 스스로 살 길을 찾아나섰다는 점이다.

당시 국내의 많은 소프트웨어는 마케팅 전략 차원에서 토종 소프트웨어임을 상징하는 제품명으로 출시되었다. 그렇지만 우리는 그런 마케팅 전략을 취하지 않았다. 이렇게 애국심에 기대지 않고 기술개발에 주력한 것이 결과적으로 회사를 지속 성장시키는 큰 힘이 되었다.

이런 가운데 회사는 설립 후의 위기를 위태위태하게 비켜가고 있었다. 지긋지긋한 유학생활도 끝이 났다. 그러나 또 다른 개인적인 시련이 나를 기다리고 있었다.

병원에서 맞은 새해

　우리 회사의 정착기는 1997년 3월 삼성SDS가 지분 참여를 한 때부터 1998년 10월 토털 V3 안티바이러스 솔루션을 완성한 때까지의 시기이다.
　1998년 나는 새해를 병상에서 맞았다. 1997년 유학생활을 완전히 끝내고 한국에 온 이틀 후 나는 쓰러졌다. 세미나와 강연회에 참가한 직후였는데, 원인은 급성간염이었다.
　피로감은 미국에서 공부할 때도 늘 나를 괴롭혔다. 의학박사임에도 불구하고 당시 나는 내 몸 상태에 대해 지나치게 무관심했다. 시간이 갈수록 밤에 끙끙 앓는 일이 잦아졌지만 단순한 피로려니 생각했다. 한국에 도착해서 극심한 피로감을 느꼈을 때는 시차 때문이라고 생각했다.
　병원에 입원해 치료를 받은 후 퇴원을 하고 집에서 치료를 받던 중 복수가 차오르는 등 상태가 다시 악화되었다. 결국 다시 입원해서 치료를 받는 동안 한 해가 저물어 버렸고 1998년 2월에야 퇴원할 수 있었다.

    당시 병원에 있을 때 창 아래로 걸어가는 사람들이 그렇게 부러울 수가 없었다. 황달 때문에 눈동자가 늘 노랬는데 거울을 볼 때마다 내 눈동자가 다시 흰색으로 돌아올 수 있을까 자문하곤 했다.

    하지만, 회사 일에 대한 걱정 말고 개인적으로는 무덤덤했다. 상태가 심각했을 때에도 죽음에 대해서는 별로 생각하지 않았다.

    나는 우주에 절대적인 존재가 있든 없든, 사람으로서 당연히 지켜나가야 할 중요한 가치가 있다면 아무런 보상이 없더라도 그것을 따라야 한다고 생각한다. 내세에 대한 믿음만으로 현실과 치열하게 만나지 않는 것은 나에게 맞지 않는다. 또 영원이 없다는 이유만으로 살아있는 동안에 쾌락에 탐닉하는 것도 너무나 허무한 노릇이다. 다만 언젠가는 같이 없어질 동시대 사람들과 좀더 의미있고 건강한 가치를 지켜가면서 살아가다가 '별 너머의 먼지'로 돌아가는 것이 인간의 삶이라 생각한다.

    지금도 그 시절을 생각하면 내가 정상적으로 활동할 수 있는 이 시간이 얼마나 소중한지 모른다. 그래서 일분 일초도 헛되게 보내지 말아야 한다는 생각을 하게 된다.

> 나는 우주에 절대적인 존재가 있든 없든, 사람으로서 당연히 지켜나가야 할 중요한 가치가 있다면 아무런 보상이 없더라도 그것을 따라야 한다고 생각한다.

다만 언젠가는 같이 없어질 동시대 사람들과 좀더 의미있고 건강한 가치를 지켜가면서 살아가다가 '별 너머의 먼지'로 돌아가는 것이 인간의 삶이라 생각한다.

병원에서 퇴원한 후에도 완전히 건강을 회복하기까지는 3개월의 시간이 더 걸렸다. 퇴원 후 3개월간은 회사에 나가서 1~2시간 일을 보고 문정동에 있는 전세집에 돌아오면 체력이 바닥나 이틀간은 꼼짝도 못하고 잠을 자면서 체력을 회복해야 했다. 나 때문에 여러 가지로 불편을 겪는 직원들을 생각하면 늘 미안한 마음뿐이었다. 그래서 만약 회복이 더디게 되면 회사의 장래를 위해서라도 다른 사람을 CEO로 영입하는 것이 좋겠다는 생각까지 했다.

몸은 조금씩 회복되어 갔지만 완치되기 전까지는 때때로 우리 집 안방이 사무실이 되었다. 몸 상태가 아주 안 좋을 때는 이불에 누운 채로 사원들과 회의를 하기도 했다. 더구나 당시는 판단하고 결정해야 할 것이 무척 많았다. IMF 환란이 한창이었고, 가장 중요한 사안인 기술개발을 비롯해서 독자적인 영업을 궤도에 올리는 일, 맥아피 등 경쟁자들과의 관계 정립 문제 등…. 결국 나 때문에 부서장들이 집에 와서 회의를 하는 일이 일정기간 지속되었다.

수익모델도 큰 고민거리였다. 7년 동안 무료로 보급한 제품이었던 탓에 연구소를 세운 지 몇 년이 지났음에도 우리 회사 프로그램을 제품으로 인식하는 사람은 많지 않았다. 그것은 오늘날 수익모델 찾기에 부심하는 많은 닷컴 기업의 초조함과 다를 바 없는 상황이었다.

당시 상당수 소프트웨어 업체들은 마케팅 초점을 개인 사용자에게 맞추고 있었다. 그런 가운데 더 큰 규모의 기업 시장은 외국기업에게 선점당하는 일이 벌어졌다. 그런데 불법복제가 만연했기 때문에 개인고객 시장에서는 큰 이익이 나지 않았고 결과적으로 많은 업체들이 고전했다. 우리는 처음부터 기업 시장에 초점을 맞추고 있었지만, 좀처럼 시장규모가 커지지 않았다.

이런 상황에서 우리가 폭발적인 성장을 바라는 것은 지나친 욕심이었다. 1997년의 경우, 외형적으로도 우리의 성과는 미미했다. 20억 원을 매출 목표로 잡았지만 실제 우리의 매출은 10억 원 정도였다. 그리고 그 해 9월 한글과컴퓨터는 소유지분을 모두 매각하고 우리 회사에서 손을 뗐다.

같은 해 우리 회사는 PC 생산업체에 번들로 공급하는 제품의 기준가격을 새롭게 책정했다. 소프트웨어 가격의 현실화를 도모한 것이다. 그래서 우리는 V3Pro 97을 OEM으로 판매할 때 1만 원을 기준가격으로 책정했다.

그때까지만 해도 백신 소프트웨어의 OEM 공급가는 몇백 원 수준에서 결정되고 있었다. 소프트웨어 업체들은 대량 납품과 그에 따른 마케팅 효과를 고려해서 제 살을 깎는 출혈경쟁을 벌이던 상황이었다.

우리의 납품조건에 응한 PC 생산업체는 한 곳도 없었다. 결국 번들 시장은 외국업체 손에 넘어가고 말았다. 그러나 큰 외국업체들과는 달리 그 가격으로 납품하고 큰 손해를 봐서는 우리 같은 작은 회사가 견딜 재간이 없었다. 어느 정도 결과를 예

> 그런 가운데 회사의 틀을 지속적으로 만들어 나가기 위해서는 꼭 필요한 분야에 적합한 사람을 뽑아야 했다. 그런데 곰곰이 생각해 보니 내가 제일 문제였다.

상했기 때문에 크게 낙담하지는 않았고, 대신 우리 역량을 기술개발에 집중할 수 있었다.

1998년에 우리가 연구개발에 초점을 맞추었던 것은 당시 IMF 환란으로 국내 백신 시장이 급속히 위축될 것이란 일반적인 예상과는 궤를 달리하는 것이었다. 우리는 경기가 되살아나고 네트워크의 발달로 보안의 중요성이 부각되면 백신 및 보안 시장은 언젠가는 발전의 계기를 맞을 수 있으리라 판단하고 있었다. 그렇다면 매우 엄격한 관리체제 하에 꾸준하게 기술을 축적하고 패러다임 변화에 대응하는 제품을 기획하는 것이 살길이었다. 그리고 이는 결과적으로 최선의 선택이 되었다.

기술개발 외에 회사의 틀을 잡는 데에도 주력했다. 그전까지만 해도 우리의 관리 시스템은 엉성하기 짝이 없었다. 1998년 우리는 최초로 수억 원대의 순이익을 올렸는데, 그 사실을 1999년 초에 가서야 알 정도였다. 그런 수준이고 보니 1999년에 시장이 엄청나게 커지리란 걸 예상할 혜안도 없었다. 당시 우리 회사 규모에서 PC 보안 제품인 앤디(EnDe) 개발에 투자한 것도 회사의 존망이 달린 엄청난 모험이었다.

그런 가운데 회사의 틀을 지속적으로 만들어 나가기 위해서는 꼭 필요한 분야에 적합한 사람을 뽑아야 했다. 그런데 곰곰이 생각해 보니 내가 제일 문제였다. 경영학 공부를 2년 하고 또 그것을 현장에 적용하고 있었지만 아직도 나는 준비가 덜 된 사람이었다.

그래서 1998년 말 유승삼 씨를 경영고문으로 모셔서 일선에서 경영수업을 받았다. 벤처기업 관련 컨설턴트로 일하는 그분은 외국기업 경험을 통해 당시 회사에 필요한 시스템과 경영자의 기본을 가르쳐 주었다. 부끄러운 이야기지만 CEO는 최소한 일주일에 한 번씩 매출을 확인하고 그때마다 대응책을 마련해야 한다는 것을 배운 것도 그분을 통해서였다.

IMF 환란이 한창이던 1998년 말 우리는 15억 원이라는, 그 당시로는 비교적 큰 규모의 펀딩을 받았다. 그런데 당시 회사는 그 정도 규모의 자금이 꼭 필요한 상황이 아니었다. 어렵긴 했지만 관리를 워낙 철저하게 했기 때문에 빚을 얻을 정도는 아니었던 것이다.

펀딩은 적절한 시기에 적절한 규모로 받는 것이 정석이다. 그런데 당시 그런 상황이 아님에도 우리는 펀딩을 받았다. 여기에는 나의 판단착오 외에도 잘못된 정보와 조언 탓도 있었다.

당시 정부에서는 경제위기 극복을 위해 벤처기업에 대한 자금지원을 적극적으로 독려하고 있었다. 그리고 어떤 전문가 한 분은 나에게 코스닥 등록 스케줄을 고려할 때 이 시기에 펀딩을 해야 한다고 조언했다. 주주들도 펀딩은 받을 수 있을 때 자금 소요와 관계없이 최대한 받는 것이 현명한 것이라고 충고했다. (나는 시간이 지난 후에야 이것이 벤처기업의 논리가 아니라 대기업의 논리이며, 소프트웨어 업체의 논리가 아니라 제조업체의

> 새로운 사람이 들어오면 그가 우리 회사의 문화에 적응할 수 있도록 최대한 신경썼다. 새 직원이 들어오면 순수한 인간적 호기심으로 그를 둘러싸고 관심을 표하던 당시 사무실 풍경이 지금도 눈에 선하다.

논리란 것을 알았다. 대기업의 경우 제조업 특성이나 자금 흐름상 이런 방법이 들어맞는 경우가 있었던 것이다.)

결국 나는 1999년이 되면 벤처지원 자금의 씨가 마를 거라는 권고에 그대로 따라가고 말았다. 분위기에 휩쓸려간 셈인데, 당시 제품개발이나 고객 지원에 몰두하던 사원들도 이런 오류를 지적할 여유가 없었다. 오히려 사원들은 자금이 들어오니 월급은 제대로 나오겠구나 하며 반기는 분위기였다.

물론 펀딩을 받은 것에는 다른 고려 요소가 있었다. 먼저 상황이 더 나빠질 것에 대비한 위기관리 차원의 목적이 있었다. 아울러 당시 투자자의 존재가 우리 회사의 향후 발전에 도움이 될 것이란 점, 즉 투자자의 관계사들에 대한 영업활동에 플러스 요인으로 작용할 것이라는 점도 이유였다. 즉 전략주주 개념으로 펀딩을 받았던 것이다.

그러나 지금 생각해 보면 이는 궁극적으로 현명한 판단이 아니었다. 잘못된 정보에 의거하여 판단한 나에게 전적으로 책임이 있음은 물론이다.

그런 가운데 회사는 조금씩 커져 갔다. 그렇지만 일반사원의 채용은 워낙 보수적으로 관리했기 때문에 대폭적인 충원을 시도하지는 않았다. 대신 새로운 사람이 들어오면 그가 우리 회사의 문화에 적응할 수 있도록 최대한 신경썼다. 새 직원이 들어오면 순수한 인간적 호기심으로 그를 둘러싸고 관심을 표하던 당시 사무실 풍경이 지금도 눈에 선하다.

작아도 앞서갈 수 있다

그 시절 우리 회사의 발전에 큰 디딤돌이 된 것은 미래 시장을 대비한 꾸준한 제품 기획과 개발이었다. 지금도 우리 회사의 상품 중 가장 바람직한 제품 기획 모델로 거론되는 V3 Manager와 앤디(EnDe)를 기획한 것도 그 시절의 일이다.

V3 Manager는 4세대 백신이라 할 수 있는데, 클라이언트 백신―서버 백신―인터넷 백신에 이어지는 관리형 백신이다. 관리형 백신의 가치에 주목한 것은 1997년 미국에 있을 때이다. 당시 창업 멤버인 박준식 씨가 업무 때문에 미국에 와서 IT 산업의 전체적인 흐름에 대해서 많은 토론을 할 기회가 있었다. 그때 산호세머큐리 뉴스를 보니까 네트워크 컴퓨터가 이슈로 등장하고 있었다. 이 컴퓨터가 시장에서 성공할지 아닐지를 떠나, 우리는 왜 그게 이슈가 되는가에 대해 근본적인 질

문을 던져보았다.

당시는 인터넷이 활발하게 보급되고 네트워크가 구축됨에 따라 관리비용도 덩달아 올라가고 있었다. 컴퓨터를 설치한 후 생산성이 높아져야 하는데, 관리비용이 자꾸 증가하니까 관리비용 절감이 이슈로 등장했고, 그에 대한 해답으로 네트워크 컴퓨터가 나온 것을 알게 되었다. 좀더 문제를 짚어보니 그것은 컴퓨터 자체의 문제만이 아니라 IT산업 전반의 흐름이 되어가고 있었다.

우리는 이런 흐름에서 백신 쪽도 관리비용 절감이 다음 수순이 아니겠는가 하는 생각을 하게 되었다. 박준식 씨와 나는 한참 얘기를 하다가 V3 Manager에 대한 생각을 떠올렸다. 그때부터 우리 회사는 V3 Manager를 본격적으로 개발하기 시작했다.

V3 Manager는 1998년에 출시되었는데, 결과적으로 우리 회사는 제4세대 백신을 세계 3위 업체와는 거의 같은 시기에, 또 2위 업체보다는 한 달 빨리 시장에 내놓을 수 있었다. 인원 규모에서 당시 20명 수준의 우리 회사와 1천 명이 넘는 회사가 비슷한 수준의 제품을 동시에 시장에 내놓은 것이다. 비슷한 시기에 제품을 내놓았다는 것은 회사의 연구개발 인력 등 제반 환경을 고려한다면 기획단계에서 우리가 앞섰거나 적어도 비슷했다는 것을 의미한다. 나는 V3 Manager를 통해서 제품기획력에 있어서만은 우리가 세계적인 수준이라는 자신감을 가지게 되었다.

V3 Manager와 관련해서는 후일담이 하나 있다. V3 Manager를 시장에 내놓았을 때 외국회사 한국지사장들이 땅을 치며 안타까워했다고 한다. 당시 그들에게 관리형 백신은 국내시장에서 우위를 점하고 있던 우리 회사를 추월할 수 있는 비장의 카드였다. 그런데 우리가 같은 시기에 제품을 내놓았으니 그들로서는 매우 아쉬웠을 것이다. 결국 외국 경쟁사의 4세대 백신은 다른 나라에서는 단숨에 시장을 장악하였지만, 우리나라에서는 1위를 넘볼 수가 없게 되었다.

앤디 기획은 IMF 환란이 한창이던 1998년에 시작했는데, 이 기획이 뛰어났다고 할 수 있는 것은 PKI(Public Key Infrastructure, 공개 키 기반구조)기반의 제품기획을 하였다는 점에서이다. 지금도 대부분의 PC 보안 제품이 대칭 키에 기반하고 있는 것을 본다면 객관적으로도 앞선 기획임을 알 수 있다. 즉 우리는 네트워크에서 공유하고 네트워크에서 관리할 수 있는 제품을 이미 1998년에 기획하고 개발하기 시작한 것이다. 앤디는 일본 시장에서도 매우 잘 팔리고 있는데, 직접 가보니 현지에서는 제품개발 3년이 지났음에도 PKI 기반은 최신개념이었다. 그리고 다른 큰 회사에서 내놓는 제품을 보아도 아직 우리 수준의 제품은 없었다.

벤처기업의 성장에서 올바른 제품기획은 다른 무엇보다 중요하다. 어느 업종에서건 남들이 이미 만들어 놓은 것을 만드는 건 누구나 할 수 있다. 그러나 IT산업에서 이것은 회사를 접

> 제품기획에서 성공을 거두기 위해서는 세 가지 요소가 전제되어야 하는데 마인드, 실제적인 노력, 넓은 시야가 그것이다.

어야 하는 상황을 의미한다. 이런 점에서 벤처기업의 성장에서 경쟁자를 앞서는 제품기획은 매우 중요하다. 제품기획에서 성공을 거두기 위해서는 세 가지 요소가 전제되어야 하는데 마인드, 실제적인 노력, 넓은 시야가 그것이다.

벤처기업의 경우 제품기획은 두 가지의 상반된 면을 가지고 있다. 하나는 기획에 있어 집중적이고 빠른 시도를 할 수 있다는 점이다. 또 하나는 엄청난 노력을 기울이더라도 실패의 확률이 매우 높으며 그럴 경우 그 기업의 소멸을 가져올 수 있다는 점이다. 오늘날 IT산업 환경에서는 한 방향에 집중해서 제품을 기획하다가 방향이 조금만 빗나가도 실패할 가능성이 있다. 이것은 벤처기업이 안고 가야 할 운명이다.

그러나 겁먹을 필요는 없다. 만약 성공한다면 아주 작은 인원으로도 덩치가 큰 기업을 단시간에 앞지를 수 있기 때문이다. 이것은 일반적인 산업체에서는 쉽게 일어나지 않는 현상이다. 아무리 작은 벤처기업이라도 이러한 성공만 거둔다면 세계적 기업이 못 따라올 정도로 성장속도를 낼 수 있으며, 이는 모든 벤처기업의 희망이다.

그런데 훌륭한 제품기획과 그에 따른 결과가 성공적이더라도 벤처사업에서 방심은 금물이다. 우리도 절대 자족할 수 없는 것이, 어디서 어떤 경쟁자가 나올지 모르기 때문이다.

해외사업부가 발족한 후 부서장이 시장 개척을 위해 세계 곳곳을 돌아다녔을 때의 일이다. 그는 가는 곳마다 앤디를 앞서는 제품이 없어서 무척 기분이 좋았다고 한다. 그런데 이스라엘에 가서는 깜짝 놀라고 말았다.

이스라엘의 아주 작은 벤처기업이 우리와 같은 개념으로 제품을 기획한 것을 발견한 것이다. 놀라기는 이스라엘의 그 회사도 마찬가지였다. 이것은 벤처기업의 제품기획력이 회사 규모가 아니라 다른 요소에 의해 더 크게 좌우된다는 것을 보여주는 사례였다.

> 이스라엘의 아주 작은 벤처기업이 우리와 같은 개념으로 제품을 기획한 것을 발견한 것이다. 놀라기는 이스라엘의 그 회사도 마찬가지였다. 이것은 벤처기업의 제품기획력은 회사 규모가 아니라 다른 요소에 의해 더 크게 좌우된다는 것을 보여주는 사례였다.

CIH 바이러스 대란

1999년 4월의 CIH 바이러스 대란을 생각하면 마음이 착잡해진다. 물론 그 사건은 백신 시장을 폭발적으로 확대시켜 회사 성장의 중요한 계기가 되었다. 그러나 국가 전체적으로 피해를 입은 것을 생각하면 무척 안타깝다. 다시 그런 일이 일어나서는 안 된다.

어떤 면에서 CIH 바이러스 대란은 우리가 정보화사회로 진입하는 과정에서 겪어야 하는 혹독한 통과의례였다. 그것은 IT기술이 생활을 아주 편리하게 해주지만 관리를 소홀히 할 경우 대재앙이 될 수도 있다는 것을 가르쳐준 사건이었다. 또 불법 소프트웨어의 부작용을 인식하고 컴퓨터 보안의 중요성에 눈을 뜨는 계기가 된 사건이기도 하다.

CIH 바이러스가 국내에 처음 들어온 것은 1998년 6월이었다. 이후 이 바이러스와 관련한 상담이 꾸준히 증가세를 보였

> CIH 바이러스 대란은 우리가 정보화사회로 진입하는 과정에서 겪어야 하는 혹독한 통과의례였다. 그것은 IT기술이 생활을 아주 편리하게 해주지만 관리를 소홀히 할 경우 대재앙이 될 수도 있다는 것을 가르쳐준 사건이었다.

다. 시중의 불법 소프트웨어가 많이 감염된 것도 바이러스를 급속하게 확산시키는 이유로 작용했고, 심지어 컴퓨터 잡지의 부록으로 나오는 CD 롬까지 감염된 경우도 있었다. 시간이 지난 후 바이러스를 퇴치할 수 있는 백신 개발에 성공할 수 있었고, 이후 우리는 지속적인 업데이트가 필요하다는 것을 강조했다. 그러나 당시만 해도 한 번 백신을 깔면 되려니 하는 사람들이 생각보다 많았고 정작 문제가 발생한 1999년 4월까지 상당수 사용자가 업데이트를 하지 않았다.

1999년 4월 26일은 월요일이었기 때문에 우리는 전 주에 각 언론사에 CIH 바이러스와 관련한 보도자료를 돌렸다. 금요일까지는 업데이트 된 백신 프로그램으로 대비책을 세워야 한다는 내용이었다. 그러나 유감스럽게도 그 보도자료는 크게 취급되지 않았다. 언론에서 그렇게 판단한 데에는 직전에 미국에서 심각한 피해를 입힌 멜리사 바이러스가 한국에서는 별 피해없이 넘어간 것도 한 배경이 되었다.

4월 25일부터 전화가 급격하게 늘어나기 시작했다. 4월 26일이 되자 전화는 한 차례도 쉬지 않고 걸려왔다. 잠시 외근을 나갔던 내가 회사에 7번을 전화했는데 한 번도 통화가 안 될 정도였다. 당시 회사 전화 회선의 물리적 한계 때문에 전화접속률은 10%에 그쳐 간신히 접속에 성공한 일부 고객들은 화를 내기도 했다. 당시 회사는 직원 수가 40여 명이었는데 그날부터 1주일간은 전 직원이 고객지원 업무에 뛰어들어야 했다. 화장실에 갈 시간, 담배 한 대 피울 시간조차 없는 상황이 이어졌다.

> 1999년 4월 26일은 월요일이었기 때문에 우리는 전 주에 각 언론사에 CIH 바이러스와 관련한 보도자료를 돌렸다. 금요일까지는 업데이트 된 백신 프로그램으로 대비책을 세워야 한다는 내용이었다. 그러나 유감스럽게도 그 보도자료는 크게 취급되지 않았다.

전화 상담 외에 복구서비스도 실시해야 했다. 당시 복구를 받기 위해 많게는 하루에 500명이 넘는 사람이 몰려들었다. 다른 벤처기업에 비해 조용한 편이었던 회사는 끊임없이 울리는 전화벨 소리, 밀려드는 사람들로 시장통 같은 분위기가 되어 버렸다. 대기업체, 관공서, 군부대 등 어디에서 오든 모두가 걱정스런 얼굴로 하드 디스크를 취합해서 가져왔다. 장기간 추진해온 프로젝트 자료가 다 날아갔을까봐 얼굴이 사색이 되어 찾아온 대학원생도 있었고, 출입하는 기자들 중에도 바이러스에 감염된 사람이 있었다.

결과적으로 CIH 바이러스 대란은 사회 전체적으로 컴퓨터 보안의 중요성을 인식하는 소중한 전환점이 되었다. 정부에서도 이때부터 컴퓨터 바이러스가 얼마나 위험한 존재인지를 절감하고 관련 법규를 강화하는 한편 수사팀도 강화시켰다. 그래서 요즘은 어떤 바이러스에 대해 우리가 별 문제가 없다고 말해도 경각심을 늦추지 않을 정도가 되었다.

컴퓨터 바이러스에 대한 언론의 논조도 더욱 조심스럽고 명확해졌다. 바이러스 관련 기사에 '최신 버전 업데이트 필요'라는 표현이 꼭 들어가는 것도 이때 이후의 일이다. 일반 고객들도 백신을 한 번 깔면 안심해도 된다는 생각에서 벗어나 우리가 굳이 백신 업데이트를 강조하지 않아도 늘 그 점을 인식할 정도가 되었다.

이 사건은 회사에도 교훈을 남겼다. 전화 폭주 등에 대한 대비가 부족했다는 반성과 더불어 좀더 빠르게 대응할 수 있는 시스템을 갖춰야 할 필요성이 제기되었던 것이다. 이후 응급 대응팀이 만들어졌다. 즉 신종 바이러스가 갑자기 확산될 때 메일 외에도 휴대폰 문자 서비스 등으로 포괄적인 대응을 할 수 있는 시스템을 갖춘 것이다.

이 일로 우리가 추진하려던 사업계획이 일부 유보되기도 했다. 1998년 말에 세계 백신업체 중 네 번째로 V3가 중국 공안부의 인증을 받아 본격적인 사업을 추진하고자 준비중이었는데, CIH 바이러스 사태로 국내에서 중심을 제대로 안 잡으면 수출도 힘들겠다는 생각에 해외 진출도 잠시 미뤘다. 또 종합보안회사로 간다는 CI 작업도 유보하였다. 이런 결정은 미련 없이 내렸다. 회사의 성장을 있게 한 기본 축마저 우리 스스로 만족할 정도로 못해 내는 상황에서, 다른 것을 동시에 추진한다는 것은 올바른 태도가 아니라고 판단했기 때문이다.

경쟁사의 불공정한 자세 때문에 언론이나 일반 고객들에게 오해를 받기도 했다. CIH 바이러스의 경우 우리가 경쟁사에 비해 대응이 늦었다는 오해였다. 지금에서야 밝히지만 CIH 바이러스로 손상된 메모리를 복구하는 기능의 경우, 우리는 세계 최초를 운운하는 업체보다 보름 앞서 개발에 성공했다. 이는 국내외 업체 중 최초의 성과였지만 바이러스가 처음 발견된 후 6개월 정도가 지나서야 메모리 치료 기능을 추가한 것이라 새삼 요란하게 알리는게 적절하지 않다는 생각에 언론에 적극적으로 알리지 않았을 뿐이다.

그에 비해 보름 후 개발에 성공한 경쟁사는 최초 성공임을 강조하는 보도자료를 발표했고, 이 일은 우리의 기술수준과 대응 체제가 경쟁사에 비해 뒤떨어지는 것으로 오해받게 만들었다.(치료방법의 경우도 우리는 경쟁사가 개발한 윈도우 강제 종료 후 치료하는 방식 대신 도스 모드로 나가서 치료하는 방식을 채택했다. 사용자에게 가장 안전한 치료방법을 선택하도록 하기 위해서였다.)

우리는 이 문제에 대해서는 별도의 해명자료를 발표하지 않았다. 우선 CIH 바이러스 대란 당시에는 고객들로부터 걸려오는 전화 때문에 그럴 경황이 없었다. 또 사태가 진정된 다음에도 우리에게 일정 책임이 있는 일을 해명하는 것은 당당한 노릇이 아니라는 생각이 들어서였다.

회사 존립 문제에 있어 바이러스 대란은 기회이자 동시에 위기였다. 마케팅 이론에서 20~30% 성장하는 시장에선 1, 2위가 바뀌기 힘들다고 한다. 그런데 1999년의 경우 시장이 4배나 커졌다. 물론 당시에는 바이러스에 대한 경각심 부족과 불법복제 때문에 우리나라 백신 시장이 IT산업 규모에 비해 지나치게 작았고, 바이러스 대란을 계기로 적정 규모로 성장한 면도 있다. 시장의 급속한 정상화였던 것이다. 그러나 폭발적인 시장확대 상황이었기 때문에 그전까지의 1등은 아무 의미가 없는 것이 되어버렸다. 결국 준비가 안 되어 있으면 새로운 경쟁자에게 순식간에 1등을 빼앗길 수 있는 상황이었다.

이 상황이 결과적으로 기회가 될 수 있었던 것은 우리에게 제품·회사의 시스템이 다 준비되어 있었기 때문이었다. 우리에게는 이미 일반 PC용 제품뿐만 아니라, 파일 서버, 그룹웨어 서버 등을 포괄할 수 있는 토털 안티바이러스 솔루션과 급증한 고객들을 지원할 수 있는 시스템이 갖추어져 있었다. 결국 바이러스 대란 이후 우리의 시장 점유율은 오히려 더 높아질 수 있었다.

바이러스 대란이 기회가 된 데에는 위의 요소 외에도 직원들의 헌신이 큰 역할을 하였다. 전 직원들은 더이상 말할 기력이 없을 정도로 많은 전화 문의를 받아야 했지만 누구 하나 불평불만을 토로하지 않았다. 지금도 직원들은 '다시 그렇게 하라면 할 수 있을까' 하고 말하기도 한다. 몸은 지칠 대로 지친 상황이었지만, 복구해줘서 고맙다고 아이스크림을 사 가지고 회사를 찾아오는 등 고객들의 감사와 안도감은 우리들의 피로를 잊게 해주는 힘이 되었다.

바이러스 대란과 관련하여 혹자는 이것을 행운이라고 평가할지 모른다. 그러나 우리는 이것을 행운이라고는 말하지 않는다. 굳이 표현한다면 우리에게 '준비된 기회'였다. 준비가 안 된 상황에서는 행운의 모습을 한 기회가 오더라도 그것을 잡는 것이 불가능하다. 설령 그전에 1등의 위치에 있었다 하더라도 그 기회가 열어줄 가능성을 감당하지 못할 것이기 때문이다. 준비가 안 된 상황에서는 기회가 오히려 불행이다.

> 우리는 이것을 행운이라고는 말하지 않는다. 굳이 표현한다면 우리에게 '준비된 기회'였다. 준비가 안 된 상황에서는 기회가 오히려 불행이다.

2부

변화한다, 그러나 변하지 않는 것

나는 어떤 일을 시작할 때 '이 일을 하면 우리가 좀더 잘 되겠지' 라는 판단기준을 적용하지 않는다. 그런 마인드로 제품을 기획하고 새로운 시장에 접근한 적은 한 번도 없었다. 대신 모든 결정에는 '이 일을 하지 않으면 머지않은 장래에 생존을 위협받을 것이다' 라는 기준을 적용하였다.

인접영역과 유관영역

1999년을 시작할 때만 해도 회사를 둘러싼 시장환경은 무척 어려웠다. 사원들에게 월급을 주고 나면 늘 회사 사정이 빠듯했다. 나의 경우 1998년 연말까지도 월급을 제때 가져가지 못한 적이 많았다. 그러니 엉뚱한 곳에 돈을 쓸 여력도, 마음도 없었다.

그것은 지금도 마찬가지다. 2001년 수서 쪽으로 회사를 이전한 후 벤처기업가 한 분이 인사차 오셨는데, 그분이 "아직도 창업 때 쓰던 책상 쓰네" 하고 말씀하신 적이 있다. 그 말씀을 듣고서야 그 책상과 인연이 참 길구나 하고 생각했는데, 1999년 초의 경우는 모든 면에서 지금과 비교할 수조차 없는 때였다. 국내 시장에서 우리는 부동의 1위를 차지했지만 시장 자체가 크지 않았기 때문에 1등이 누리는 혜택이란 것도 다른 회사에 비해 크게 다를 것이 없었던 것이다.

그래도 1999년을 우리 회사에서는 발전기로 기록한다. 그 해 CIH 바이러스 대란이 일어나면서 시장 규모가 커져 우리는 최초로 연매출 100억 원을 돌파했다. 또 국내 보안회사로서는 1998년부터 개발해온 앤디가 출시되면서 바이러스에서 보안 분야로 영역을 공식적으로 넓혔다.

그 해 회사 성장에 힘이 되어 준 또 하나의 시장 변화가 있었다. 1999년 5월부터 소프트웨어 불법복제에 대한 대대적인 단속이 시작된 것이다. 당시 우리 제품도 불법복제 비율이 매우 높았는데, 단속과 더불어 사회적으로도 백신 프로그램을 필수 소프트웨어로 인식하게 되었고 그것은 매출 신장에 기여하였다.

또 IMF 환란으로 인한 경기 불황은 좋은 인재들을 영입할 수 있는 기회를 주었고, 사무실 임대료 같은 고정비용을 크게 줄여 탄탄한 경영을 할 수 있게 해주었다.

1999년이 우리 회사의 발전기가 된 것은 시장 규모나 매출의 증대 때문만은 아니다. 새로운 패러다임에 대비하여 우리의 사업영역이 전략적으로 넓어졌다는 점에서도 성장기라고 의미를 부여할 수 있다. 이는 인접영역과 유관영역이라는 개념으로 설명할 수 있다.

인접영역과 유관영역으로의 접근은 회사가 새 패러다임에서 생존하기 위한 절박한 선택이었다. 인접영역으로의 진출은 보안솔루션 개발과 관련이 있다. 앤디를 시작으로 하는 보안

> 1999년이 우리 회사의 발전기가 된 것은 시장 규모나 매출의 증대 때문만은 아니다. 새로운 패러다임에 대비하여 우리의 사업영역이 전략적으로 넓어졌다는 점에서도 성장기라고 의미를 부여할 수 있다.

영역은, 우리의 기존 핵심역량이 분산되지 않는 선에서 사업영역을 넓혀 나간 첫 시도였다.

너무나 당연한 이야기지만 기업이 한 제품만 고집하는 것은 위험한 일이다. 그 제품의 라이프 사이클이 끝나면 제품과 함께 회사도 없어지는 것이다. 그런 점에서 우리는 백신이라는 핵심역량은 지키되 PC 보안솔루션이라는 인접영역으로 진출해야 할 필연성이 있었다.

연구소를 주식회사 형태로 만들 때부터 견지해온 원칙인데, 나는 어떤 일을 시작할 때 '이 일을 하면 우리가 좀더 잘 되겠지' 라는 판단기준을 사용하지 않는다. 그런 마인드로 제품을 기획하고 새로운 시장에 접근한 적은 한 번도 없었다. 대신 모든 결정에는 '이 일을 하지 않으면 머지않은 장래에 생존을 위협받을 것이다' 라는 기준을 적용하였다. PC보안이라는 인접영역 진출도 마찬가지였다.

인접영역 진출은 다각화와는 다른 개념이다. 이것이 대기업의 문어발식 사업확장과 다른 점은, 기존 제품과 시너지가 생기는 분야로만 진출한다는 것이다. 즉 그 분야에 진출했을 때 기존 제품개발, 영업, 마케팅 모든 분야에 시너지가 나는 곳으로 진출한다는 것이다.

1999년 무렵 나는 회사의 생존에 중요한 또 하나의 영역을 주시했다. 그것은 유관영역이었다.

유관영역은, 지금 당장 우리가 할 수 있는 핵심역량도 없고 비즈니스 모델도 다른 영역이지만 그대로 방치할 경우 우리 회사의 존립에 심각한 장애요소가 될 수 있는 영역들이다. 절대 방치할 수 없는 그 영역에 대해서 우리는 조인트 벤처 합작회사 형태로 진출하기로 했다.

유관영역 진출은 바둑의 포석과 같은 맥락이다. 바둑에서 어떤 지점은 지금 당장 누구와도 관계없지만 미리 그곳에 돌을 놓아 두게 되면 판이 전개됨에 따라 판세에 큰 영향력을 발휘하게 된다.

다행스러운 것은 1999년까지 경쟁사들이 보안 유관영역으로 접근하려는 시도를 하지 않았다는 점이다. 우리는 내부의 힘을 축적하는 가운데 유관영역이라고 확실하게 판단이 서면 그 영역에 진출했다. 물론 거기에 치중한 나머지 우리의 핵심역량이 약화되는 것은 적극 경계했다. 특히 자회사 형태로 유관영역에 진출할 경우에는 더욱 그 점을 경계해야 했다.

그리고 조인트 벤처의 경우에는 철저히 윈윈을 지향하는 형태로 유관영역에 진출했다. 즉 서로가 협력해서 조인트 벤처를 만들어, 우리의 자회사가 아닐지라도 그 회사가 늘 우호적으로 우리 편이 되게 하는 전략이었다. 이것은 그 영역의 시장이 커지고 그 조인트 벤처의 성장이 지속되면 시간이 흐름에 따라 우리의 부담을 덜어주는 효과가 있었다.

우리에게 최초로 발견된 유관영역은 보안서비스 분야였다. 그래서 1999년 9월 데이콤 인터내셔널, 펜타시큐리티와 함께 보안호스팅서비스 전문업체인 코코넛을 출범시켰다. 우리의

> 유관영역 진출은 바둑의 포석과 같은 맥락이다. 바둑에서 어떤 지점은 지금 당장 누구와도 관계없지만 미리 그곳에 돌을 놓아 두게 되면 판이 전개됨에 따라 판세에 큰 영향력을 발휘하게 된다.

솔루션 기술, 데이콤 인터내셔널이라는 시장 제공자, 펜타시큐리티라는 보안회사가 묶여져 상호발전을 기할 수 있는 협력 모델을 완성한 것이다.

앤디의 경우는 내가 직접 기획한 것이지만, 코코넛 모델은 나의 기획이 아니다. 다른 사원이 기획안을 가져왔고 나는 그 방향이 올바르다는 것을 확신하고 적극 추진했다. 코코넛은 전문경영인을 영입해서 경영권을 일임한 상태이며, 보안호스팅 업체에서 선두를 달리고 있다. 설립 후 2년 사이에 아주 많은 회사가 이 분야에 뛰어들었다는 사실로 보더라도 우리의 판단이 옳았음이 분명하다. 이 시도는 회사의 이익 차원을 떠나 새로운 협력 모델로도 큰 의미가 있는 사건이었다.

그러나 인접영역과 유관영역 진출이 늘 순조로웠던 것은 아니다. 리눅스 업체인 앨릭스 해산이 대표적이었다. 가장 큰 문제는 신뢰할 수 없는 파트너가 생겼다는 점이었다. 그리고 전문경영인을 두지 않고 겸임 CEO 상태로 사업을 시작한 것도 문제였다.

물론 그대로 끌고 갔어도 어느 정도 운영은 되었을 것이다. 그러나 조인트 벤처에서는 파트너간의 신뢰와 역할분담이 핵심인데, 서로간의 신뢰에 금이 간 어정쩡한 상태에서 그 회사를 끌고 가는 것은 장기적으로는 큰 위험을 방치하는 일이었다. 그래서 신뢰할 수 없는 파트너와의 관계를 청산하고 믿을 수 있는 파트너들끼리 아델 리눅스란 업체를 새로 설립했다.

실패를 하긴 했지만 이 사건은 조인트 벤처 추진 과정에서 서로 간의 신뢰가 얼마나 중요한 요소인지를 배우는 계기가 되었다.

> 사실 앨릭스 외에도 나는 지금까지 여러 가지 실수를 했다.

사실 앨릭스 외에도 나는 지금까지 몇 가지 실수를 했다고 생각한다. 1999년에 매출이 폭발적으로 증가할 때부터 종합 보안솔루션회사로서 비전을 설정해서 2000년 1월부터 시작했더라면 더 좋지 않았을까 생각한다. 보안 시장이 뜨거워진 결정적인 계기는 야후 사이트 해킹 사건인데, 그런 점에서 우리는 조금 늦었다는 생각이 든다.

R&D(연구개발) 인원을 시의적절하게 충원하지 못한 것도 나의 실수다. 물론 당시의 시장규모만 따지면 우리의 개발 인력은 충분했다. 더구나 R&D는 보통 1년 뒤에 결과가 나온다. 그래서 나는 개발 인력 충원을 1999년 매출이 100억을 넘고서야 결심했는데, 이 시기가 조금 늦었다는 생각이 든다. 1999년 중반부터 충원을 시작했더라면 지금쯤 더욱 강력한 R&D 파워를 가지게 되었을 것이다.

이 두 가지 투자를 적시에 하지 못한 것은 나의 스타일 때문이었다. 당시 우리 회사는 자금이 부족하지는 않았다. 그런데 나는 학교시절부터 어떤 것 하나를 제대로 끝낸 후에 다른 것을 시작하는 스타일이었다. 당시 우리는 연 매출 100억 원 돌파가 일차 목표였고, 그러다보니 일단 목표 먼저 달성해 놓고 보자는 생각에 투자가 늦어진 것이다.

조인트 벤처 등 우리가 변화를 도모하기 시작했을 때 우려의

대기업식의 무모한 공격경영 아니냐는 지적도 있었다. 그러나 우리에게 있어 이것은 무모함 또는 대규모의 이익 실현을 위한 모험 차원이 아닌, 장기적인 관점에서의 생존 전략이었다.

목소리도 있었다. 대기업식의 무모한 공격경영 아니냐는 지적도 있었다. 그러나 우리에게 있어 이것은 무모함 또는 대규모의 이익 실현을 위한 모험 차원이 아닌, 장기적인 관점에서의 생존 전략이었다.

또 설령 그것이 공격적이었다 할지라도, 통념적인 공격경영과는 차이가 있었다. 독단과 이익추구의 함정을 피해 치밀한 계획 아래 이루어진 다각화였고, 우리가 추구해온 가치관을 크게 훼손하지 않고 외부와 만들어낸 협력 모델이었기 때문이다.

초심 지켜가기

　2000년 초, 우리 회사는 당시 상황에 안주하기에 적당한 조건을 갖추고 있었다. 백신에만 신경써도 전 사원이 편한 환경이었다. 그리고 시장 환경을 볼 때 일정기간 이익도 보장되는 상황이었고, 강력한 경쟁자도 존재하지 않는 상태였다.
　그러나 그것은 역으로 더욱 마음을 다잡아야 할 시점임을 의미했다. 일반적인 기업성장사에서 발전기 다음에는 도약기 같은 명칭이 뒤따른다. 그런데 나는 발전기 다음은 변화기라고 생각했다. 우선 해이해지는 마음을 경계한다는 의미에서 일시적으로 성공을 거두었다는 인식을 제거하고자 함이었다. 그리고 기업의 생존을 좌우하는 진정한 변화는 바로 이때부터 시작해야 한다는 인식 때문이었다.
　당시 회사는 사람이 급속하게 충원되면서 기업문화가 흐트러질 조짐이 나타나기 시작하였다. 각각 다른 환경에서 일해

> 나는 발전기 다음은 변화기라고 생각했다. 우선 해이해지는 마음을 경계한다는 의미에서 일시적으로 성공을 거두었다는 인식을 제거하고자 함이었다.

온 사람들이 섞이게 되면서 부분적으로 불협화음이 나타나기도 했다. 이러한 상황은 2000년 중반부터 핵심가치와 비전만 들기라는 또 다른 고민을 하는 계기가 되었다.

어느 정도 가시적인 성과를 거둔 만큼, 결과와 실적에 근거한 공정한 분배도 해야 했다. 일부 직원들 사이에선 우리사주 문제를 둘러싼 논의가 대두되기도 했다. 나는 그보다 내가 소유한 주식을 무상으로 주는 것이 더 좋다고 판단했고 2000년에 이 일을 실천했다. 직원들의 수고가 참으로 감사했기 때문에 주식 증여에 대한 세금도 직원들이 부담하지 않도록 했다.

결국 변화기에 우리 회사는 초심을 유지하는 가운데 새로운 변화를 추구해야 했다. 이 두 가지를 동시에 견지해야 했기 때문에 창사 이래 가장 바쁜 한 해를 보내야 했다.

우리가 추구한 변화의 가장 큰 줄기는 종합보안기업으로의 새로운 포지셔닝이었다. 이를 위해 CI(Coporate Identity) 작업도 벌였다. CI 작업에서 가장 큰 논란이 벌어진 것은 '안철수컴퓨터바이러스연구소=안철수연구소=안철수'의 고정화된 이미지였다. 이는 우리가 토털 보안업체로 포지셔닝하는 데 가장 큰 장애가 되었다. 이 고리를 풀어야만 확고하게 종합보안기업으로서 포지셔닝을 할 수 있었다.

이 과정에서 회사 이름을 바꾸는 문제를 논의했다. 나는 회사 이름에서 내 이름이 사라진다는 생각에, 드디어 큰 짐을 벗는구나 하는 홀가분한 마음이었고, 한시라도 빨리 회사 이름이 바뀌기를 바랐다. CI 전문업체를 통해 몇 가지 안이 제시되었다.
 그러나 내부 모니터 결과 직원들은 어느 안도 마음에 들어하지 않았다. 직원들의 합의로 이끌어낸 결론은 어쨌든 내 이름이 들어가는 것이 좋겠다는 것이었다. 내 바람만 고집한다면 그 의견을 묵살할 수도 있었지만 회사 발전이라는 명목 앞에서는 내가 개인적으로 느끼는 부담감을 덜기 위해 계속 고집하기가 힘들었다. 결국 안철수컴퓨터바이러스연구소는 안철수연구소가 되었다. 그리고 새 로고도 만들었다.
 이에 따라 회사의 바뀐 CI를 알리는 광고 포스터를 만들었다. 광고제작팀은 '임팩트'가 필요했고, 그들은 나의 변신을 제안했다. 나는 다시 그 안을 받아들였다. 결국 머리에 여러 가지 색상의 물을 들인 내 얼굴이 포스터에 등장했다. 회사의 변화, 변화 의지를 보여주기 위한 일이라니 어색했지만 어쩔 수 없는 노릇이었다.

 이렇게 CI가 완료되었다. 그런데 우리같이 작은 회사가 그것을 요란하게 알릴 이유도 여유도 없었다. 그래서 CI 발표는 앤디Pro 발표를 겸해서 이루어졌다. 아직도 일반 고객 중에는 우리 회사를 백신을 주로 만드는 회사로 인식하는 분들이 있지만, 그래도 2년 사이에 인식에 많은 변화가 생긴 것을 발견한다. 그래서 과거엔 보안기업에 포함되지 못하였는데, 요즘은 언론에서 보안기업을 거론할 때 우리 회사 이름이 보안업계 선두주자로 언급되고 있으니 참으로 다행한 일이다.

> 광고제작팀은 '임팩트'가 필요하다고 했고, 그들이 제안한 것은 나의 변신이었다. 나는 다시 그 안을 받아들였다. 그 결과 머리에 여러 가지 물을 들인 내 얼굴이 포스터에 등장했다. 회사의 변화, 변화 의지를 보여주기 위한 일이라니 어쩔 수 없는 노릇이었다.

백신회사가 아닙니다

　형식적인 CI는 중요하지 않았다. 우리가 CI 작업을 한 것은 결국 종합보안회사로서 분명한 자리매김을 하기 위해서였고 또 그것을 실천하는 일이 더 중요했다.
　그래서 우리는 새로운 사업부문을 추가했다. 첫째는 보안컨설팅 분야였다. 보안컨설팅도 장기적인 관점에서 시장의 변화에 따른 필연적인 선택이었다. 파이어월, 침입탐지시스템 등 보안 분야는 굉장히 범위가 넓어서 한 회사가 모든 영역을 다 포괄하는 것은 불가능하다. 우리 회사가 직접 할 수 있는 영역은 안티바이러스 및 PC보안 등 제품 중심의 사업이다. 그런데 고객들은 믿을 수 있는 한 채널을 통해서 취약한 부분에 대한 컨설팅을 받은 후 제품을 도입하고 사후통합관리까지 요구하기 시작했다. 따라서 우리는 유관분야의 회사들과 협력관계로 간다는 방향을 설정했는데, 그 접점이 보안컨설팅이었다. 즉 보안컨설팅에 진출하면 우리에게 없는 좋은 솔루션을 가진 회사와 여러 가지 일을 할 수 있겠다는 판단을 했던 것이다. 그래서 2000년부터 우리에게 없는 제품은 다른 회사의 솔루션을 가지고 보안컨설팅을 시작했고, 사후관리는 2001년에 인수한 한시큐어라는 관제 솔루션업체를 통해 시행하게 되었다.

또 2000년에는 우리 회사에 인터넷 사업부문이 추가되어 별도의 사업팀이 구성되었다. 이것은 일반적인 닷컴 기업들처럼 인터넷을 통해 직접 매출을 올리기 위해서가 아니라, 우리 회사의 전체적인 비즈니스 모델을 강화시켜주는 도구로서의 역할을 하기 위한 것이었다.

인터넷 사업부문 독립은 2000년 말에 좋은 결과로 나타났다. 인터넷을 적극 활용한 결과 매출 신장에 강력한 도구가 되어주었고 관리 비용이 크게 줄어든 것이다. 그래서 고객지원에 들어가던 비용을 인터넷에 투자해, 초기 투자비용을 절감하고 마케팅 도구로 활용하겠다는 전략을 세우는 수준까지 이르게 되었다.

인터넷을 통한 매출 증대는 고객세분화가 가능했기 때문이다. 인터넷 사업부를 두기 전에는 일정 규모 이상의 기업이 주요 고객이었다. 소규모 기업의 경우는 영업 인력의 물리적 한계 때문에 적극적으로 다가서기가 힘들었다. 중도 규모의 기업고객들이 바로 그들인데, 다운로드 방식으로 제품을 판매하면서 매주 이 분야에서만 수천만 원씩 매출이 추가로 발생하였다.

아울러 보안 포털사이트를 만들면서 회원 수가 급증하여 고객의 요구를 즉각 수용할 수 있는 좋은 마케팅 도구가 되었다. V3를 업그레이드 하기 위해 우리 보안 포털사이트로 들어오는 고객이 수백만 명이라는 점에서 마케팅적 활용방안은 무궁무진하다고 할 수 있다.

물론 우리는 그 많은 사용자를 두루 만족시키기 위해 시스템과 컨텐츠가 조화롭게 구비되도록 노력했다.(시스템에선 상호 작용성·편리성·보안성이 중요한 요인이 된다. 컨텐츠의 경우는 상품 정보의 다양성·신뢰성·개별성 등에서 철저해야 한다.) 다행히 우리의 사이트는 좋은 평가를 받고 있으며 현재 800여만 명이 방문하였으며 그 수는 계속 증가하고 있다.

ASP 시스템도 구축하였다. 즉 고객들이 사이트에 접속해서 직접 백신 프로그램과 보안 프로그램을 인터넷을 통하여 제공받는 시스템인데, 현재 V3, 백업, 복구, 취약점 분석 등의 서비스를 제공하고 있다.

2000년에 이루어진 이러한 변화는 2001년에는 온라인과 오프라인을 하나의 마케팅 조직으로 일원화하는 것으로 발전되었다. 2000년까지는 속도의 효율에만 치중했는데, 그것을 보완하여 2001년엔 오프라인과 온라인이 결합된 후에 나타나는 시너지에 주목한 것이다.

국내 기반을 갖춘 후의 해외 진출

2000년은 우리가 본격적으로 해외로 진출한 시기이기도 하다. 이 부분은 늦었다고 지적하는 분들도 있는데, 우리는 그렇지 않다고 판단한다. 오히려 2000년에 우리가 취한 선택 중 가장 시의적절한 것이었다고 생각한다.

과거에 일부 벤처기업들이 한국에서는 자리를 못 잡고 외국에 진출하는 경우가 간혹 있었다. 그리고 해외 진출을 계기로 투자를 받기도 했다. 이런 과정은 아주 드물게 성공할 수는 있겠지만, 대부분의 경우에 문제가 있다고 생각한다. 왜냐하면 국내 시장에서도 인정을 못 받은 채 외국에 나간다고 남다르게 인정받기는 힘들기 때문이다. 물론 초기 시장인 경우에는 다르겠지만 말이다.

국내에서의 검증은 그 기업에도 도움이 된다. 국내에서 여러 사람들이 사용하다 보면 문제가 발견되고, 이런 검증과정

> 이런 것이 다 모여야 소위 오퍼레이션 노하우로 쌓이는 것이고 그래야 외국 시장에서도 성공적으로 런칭할 수 있다.

을 통해 마케팅과 관리, 고객지원 노하우가 쌓이게 되는 것이다. 또 이런 과정에서 해외 진출을 위한 자본도 축적되게 된다. 이런 것이 다 모여야 소위 오퍼레이션 노하우로 쌓이는 것이고 그래야 외국 시장에서도 성공적으로 런칭할 수 있다.

우리의 경우 외국에도 다소 이름이 알려지긴 했지만, 그런 내부 역량들이 실질적으로 갖춰진 것은 1999년 말이었다. 그 전에는 내부적으로도 외국에 나간다고 해서 성공할 것 같지 않았다. 특히 외국 시장에서의 경쟁은 어느 정도 검증된 업체들 간의 경쟁이기 때문에 기술 싸움 외에도 자본과 마케팅 경쟁력이 매우 중요한 요소이다.

그래서 우리는 국내 기반부터 다진 후 2000년 중반이 되어서야 본격적으로 외국에 진출하기 시작했다. 출발은 순조로웠다. 일본의 경우 우선 1차로 5억 원의 매출을 올렸는데, 특히 흥미로운 것은 일본인의 국민적 성향과 결부되어 PC보안 제품 앤디가 무척 좋은 반응을 얻었다는 점이다.

지금 당장 현지에 자회사를 세우는 개념으로 접근하지 않는 것은 아무리 우리가 경쟁력을 갖추고 있다 하더라도 해외 마케팅은 그 시장을 가장 잘 아는 현지인의 도움이 절대적으로 필요하기 때문이다. 그것이 현지 네트워크에 가장 빠른 시간 안에 우리 제품을 포지셔닝하는 방법인 것이다. 그래서 당분간 우리 회사가 추구하는 해외 진출 방향은, 기술개발은 우리가 주도적으로 하고, 현지에는 합작회사를 세워 영업으로 매출을 얻는 윈윈 구도로 끌고 갈 생각이다.

조인트 벤처를 설립하더라도 경우에 따라서는 현지에서의 직접 기술개발도 고려하고 있다. 대표적인 경우가 중국 시장인데, 중국은 그들 국민이 좋아하는 인터페이스가 우리나 일본과는 큰 차이가 있다. 따라서 중국 시장의 무한한 가능성을 생각할 때 충분히 투자할 가치가 있다고 생각한다. 또한 바이러스 신고센터를 현지에 직접 만드는 것도 검토할 수 있을 것이다.

2001년 초를 기준으로, PC보안 제품의 경우 국내보다 일본에서 반응이 더 크기 때문에 당분간 일본 중심으로 그 사업을 벌일 것을 검토중이다. 그런데 중국의 경우는 합리적으로 접근하기 어려운 시장환경 때문에 일본에 비해서는 시장 진입이 다소 더딘 상황이다. 그러나 처음부터 결과에 급급하기보다는 조심스럽게 접근하고 있는 중이다.

해외합작선의 경우도 가장 중요한 제휴의 지침은 우리 회사의 가치관과 공유되는 점이 많아야 한다는 것이다. 이는 지금 당장의 현지 영향력보다 우선시하는 고려 요소이다. 해외 파트너 또한 어차피 함께 발전해야 하는 상대이기 때문이다.

해외 진출은 한편으로 긍정적인 피드백을 주기도 한다. 일본 시장에서 V3의 사례를 보면 우리가 얼마나 우물 안 개구리였나를 알 수 있었다. 우리가 2000년 말에 V3를 가지고 달려갔을 때 시장은 이미 2001 버전을 찾고 있었던 것이다. 물론 이것은 마케팅 관점에서의 판단사항이기는 하지만 이러한 시행착오는 앞으로도 당분간 이어질 것이고, 그것을 최소화하는

해외합작선의 경우도 가장 중요한 제휴의 지침은 우리 회사의 가치관과 공유되는 점이 많아야 한다는 것이다. 이는 지금 당장의 현지 영향력보다 우선시하는 고려 요소이다. 해외 파트너 또한 어차피 함께 발전해야 하는 상대이기 때문이다.

것도 당면과제가 될 것이다.

세계 10대 보안기업으로 올라선다는 우리의 비전대로라면, 해외 진출의 경우도 처음 시작하는 몇 개의 나라에서는 조인트 벤처를 세우겠지만 언젠가는 자회사를 세울 수 있게 될 것이다.

물론 지금은 자본도, 마케팅 노하우도 부족하기 때문에 조인트 벤처로 출발하는 것인데, 우리가 초심을 잃지 않고 노력한다면 언젠가는 새로 시작하는 나라에서는 100% 지분을 출자한 자회사를 만들어 우리와 핵심가치가 똑같은 기업을 운영할 수 있을 것이다. 현재 다국적기업의 한국 지사의 경우도 100% 자회사임에도 매우 잘 운영되고 있는 경우가 많다. 회사 규모에서야 비교가 될 수 없지만, 우리같이 작은 조직도 그런 회사를 통해 배울 점은 많다고 생각한다.

나는 우리 회사가 명실공히 국제화되는 시점이 바로 이때일 것이라고 생각한다. 현재 우리는 짧게는 5년, 길게는 10년 안에 이러한 결과를 만들어 보려고 노력중이다. 만약 자회사 설립이 가능할 정도로 국제화에 성공한다면 우리 회사의 기업문화, 핵심가치도 국경을 넘어 전파할 수 있을 것이다.

수평적 네트워크 모델

앞서 설명한 유관영역은 2000년 들어와서 외부 회사와의 수평적 비즈니스 모델로 더욱 구체화되었다. 현재 우리 회사의 포지셔닝은 독특하다. 패키지 소프트웨어, 보안, 인터넷 서비스, 이 세 개의 영역이 겹쳐지는 중앙 접점에 우리 회사가 존재한다. 보통 벤처기업의 경우에는 한 개 혹은 두 개 영역에 걸쳐 있다. 벤처기업 중에 우리와 같은 경우는 드물다고 생각한다.

우리의 구도는 우리에게 시장 선점의 기회가 많다는 것을 의미한다. 그런 면에서는 발전적인 포지셔닝인데, 문제는 동시에 경쟁자들이 들어올 영역이 많다는 것이다.

이에 대한 대비책으로 생각한 것이 수평적 네트워크 모델이다. 경쟁자가 진입할 틈이 될 수 있는 유관분야를, 조인트 벤처

> 이것을 수평적이라고 하는 것은 누가 누구를 위해 희생하는 수직적 네트워크와 다르기 때문이다. 상호발전이라는, 철저한 수평성을 지향하는 것이다. 구성원들은 우리 회사의 리소스 낭비를 최소화시켜 주며 함께 발전하는 동료회사로 존재한다.

형식을 통해 막는 것이다. 그래서 보안영역에는 코코넛과 IA시큐리티, 패키지 쪽에는 아델리눅스, 인터넷은 우리가 직접 내부에 독립적인 사업부문을 가지는 것으로 진용을 짰다. 시간이 지남에 따라 보관분야에 몇 회사가 더 추가되었다.

이것을 수평적이라고 하는 것은 누가 누구를 위해 희생하는 수직적 네트워크와 다르기 때문이다. 상호발전이라는, 철저한 수평성을 지향하는 것이다. 구성원들은 우리 회사의 리소스 낭비를 최소화시켜 주며 함께 발전하는 동료회사로 존재한다. 이 모든 것은 우리 회사의 핵심역량은 지켜나간다는 전제 하에서 구축되는 관계이다.

이 모델을 구상하기 시작한 것은 코코넛을 만들 때부터였다. 그리고 우리 회사 사람들에게 본격적으로 이 구도를 설명하기 시작한 것은 아델리눅스를 만들면서였다. 이 구도 하에서 IA시큐리티도 설립하게 되었다. 현재 IA시큐리티의 CEO는 내가 겸임하고 있고 나머지는 모두가 전문경영인이 운영하고 있다.

수평적 네트워크의 세부적인 협력 내용을 IA시큐리티를 통해 설명하면 이러하다. 5개사와 손잡고 설립한 이 회사는 국내외 무선인터넷 보안 시장에 적극 진출하기 위한 선택이었다. 지금까지의 인터넷 접속은 주로 PC를 통해 이루어졌으나, 무선인터넷 확산과 스마트폰, PDA, 인터넷 TV 등이 확산됨에 따라 인터넷 어플라이언스(internet appliance, IA)를 통한 접속 비율 상승은 필연적인 변화로 보여졌다.

자료에 따르면 IA를 통한 인터넷 접속 비율이 PC를 통한 접속 비율에 비해 빠르게 증가할 것이라고 한다. 그러면 무선인터넷 보안솔루션 수요가 증가할 수밖에 없다. 또 유·무선 인터넷을 통한 유료정보서비스, 홈쇼핑, 전자상거래 등이 확산되고 가까운 시일에 휴대폰 바이러스가 등장할 것으로 보여, 기존 PC 중심 보안솔루션뿐 아니라 IA용 보안솔루션 개발이 시급해진 상황이다. 이러한 시점에 IA시큐리티는 탄생했고, 앞으로 IA용 보안솔루션 초기 시장 선점은 물론 세계 시장에도 적극 진출할 예정이다. IA시큐리티는 기술력을 확보한 벤처기업과 마케팅 및 해외 시장 개척의 노하우를 가진 대기업간의 수평적 네트워크로, 각사가 가진 백신 및 암호화 기술, 단말기 기술, Non-PC OS 기술 등 분야별 전문기술을 하나로 묶어 시너지를 창출하는 구도이다.

현재 이 회사의 연구개발진은 5개 참여사에서 파견되는 연구진과 신규채용 등 10명 내외로 구성되어 있다. IA시큐리티는 이동통신 사업자를 대상으로 한 보안솔루션을 집중 개발하고 있으며, 향후 PDA 및 가정용 인터넷 단말기용 보안솔루션으로 확대해 갈 예정이다.

수평적 협력 모델이 벤처기업이 생존할 수 있는 유일한 대안이라고 생각하지는 않는다. 다만 우리가 이 모델로 성공한다면 벤처기업이 성공할 수 있는 다양한 모델 중 하나를 제시해 주는 의미가 있다고 생각한다. 이것이 벤처기업의 본질인 다양성에 공헌할 수 있다면 좋겠다. 우리나라에는 순수한 의미의 조인트 벤처와 그 전문경영인은 성공하기 어렵다는 선입견이 있다. 이런 편견이 생긴 것은, 조인트 벤처는 비슷한 가치관 하에 같이 발전하는 관계가 바람직한데, 이런 요소가 단기적 이익이라는 명제 때문에 등한시되어 왔기 때문이다.

이 모델을 말하면 혹자는 내가 사업하는 사람이 아니고 마치 대학교수처럼 자기 이론을 만들어 실험하고 있는 것 같다고 말하기도 한다. 그러나 모델은 오랜 고민 끝에 만들어진 것이며, 늘 그러했듯이 회사 생존을 위한 절박한 선택이지 느긋한 이론 실험이 아니다. 우리 회사의 핵심가치를 보존하면서 시장 우위를 유지하는 가운데 우리의 구체적 비전에 도달할 수 있는 최적의 방법이라는 판단 하에 추진하고 있는 것이다.

기업이 변화를 모색하는 단계에서 나아갈 방향을 결정할 때, 미세한 문제는 전체적으로 조율해서 결정하지만, 큰 방향을 잡는 일은 결국 CEO의 몫이다. 물론 여기에는 깊은 고민과 성찰이 전제되어야 한다.

한 사원은 이 모델에 대해 "우리가 직접 해도 되는데, 우리가 차지할 기회를 빼앗기는 건 아니냐?"고 이의를 제기하기도 했다. 그러나 그렇게 생각하지 않는다.

이유는 명백하다. 우리 회사의 역량으로 보아 우리가 직접 할 수 있는 것이 아니기 때문이다. 설립 당시만 해도 우리 회사가 보안회사라고 인식되지 않았던 시절이었기 때문에 우리가 직접 했다면 실패했을 가능성이 높았다. 또 IA시큐리티의 경우는 PC 쪽이 아니기 때문에 우리에겐 핵심역량이 없다. 리눅스 분야도 마찬가지다. 이런 분야를 섣불리 직접 했다가는 내부역량은 내부역량대로 분산되어서 핵심역량을 강화하는 데 더 많은 시간과 비용이 들어간다. 뿐만 아니라 시장에서 최적의 시기도 놓칠 가능성이 높다.

물론 모든 미래는 불확정적이다. 이 모델이 성공할지 실패할지도 예단할 수 없다. 더 많은 가능성이 있는 쪽을 열심히 찾아 최선의 노력을 다할 뿐이다.

기업이 변화를 모색하는 단계에서 나아갈 방향을 결정할 때, 미세한 문제는 전체적으로 조율해서 결정하지만 큰 방향을 잡는 일은 결국 CEO가 해야 할 역할이다. 물론 여기에는 CEO의 깊은 고민과 성찰이 전제되어야 한다.

3부

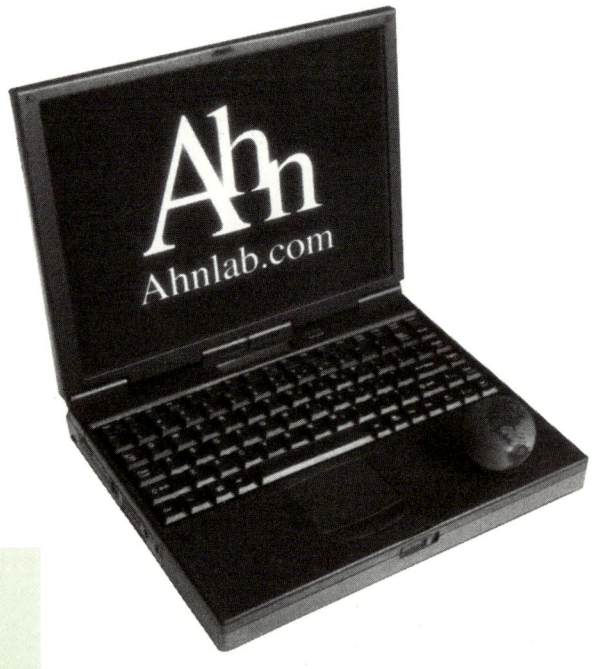

영혼이 있는 기업 만들기

영혼이 없는 기업은 그 회사 사람들에게 단지 개개인의 목적을 달성하는 도구일 뿐이다. 그런데 영혼이 있는 기업에서는 전 사원들이 스스로 주체의식을 가지고 기업의 영혼을 자신의 것으로 내재화해서 공동의 발전을 이뤄나간다. 그런 가운데 기업은 영속하는 우량기업으로 자라날 수 있다.

Built to Last

　우리 회사에서 가장 중요한 영역인 '핵심가치'에 대해 설명하기 위해서는, 《Built to Last》라는 책을 언급해야 한다.
　2000년 9월 나는 미국 스탠포드 대학에 교육을 받으러 갔다. 실리콘 밸리에서 성공한 한국인 기업가 이종문 회장이 기금을 출연해서 마련한 벤처기업가 교육과정에 초청받은 것이다. 2주간의 프로그램이었는데, 매일 75분짜리 강의를 5회씩 들었다. 신생 벤처기업이 아니라 어느 정도 성장한 벤처기업을 대상으로 한 강의여서, 모든 강의들이 더욱 가슴에 와닿았다. 아침 8시에 시작한 수업은 오후 3시 15분에 끝났다. 저녁을 먹고 나면 늦은 시간까지 그룹 토의를 해서 잠은 보통 12시가 되어서야 잘 수 있었다.
　이때 《Built to Last》의 공동저자 중 한 사람인 제리 포라스의 강의를 직접 들었다. 과거에 혼자 읽었을 때는 깨닫지 못했던 몇 가지 사실들이 가슴으로 전해졌다. 그것은 가슴에 사무치다는 표현 정도가 간신히 적합할 정도로 큰 깨우침이었다.

포라스의 책은 우리나라에서 《성공하는 기업들의 8가지 습관》이란 제목으로 번역되어 있는데, 이 책은 1994년 하퍼비즈니스 출판사에서 출간된 이래 13개 언어로 번역 출간된 경제경영분야의 고전이다. 제임스 콜린스와 제리 포라스는 6년여에 걸친 연구와 조사 끝에 '불멸하는 성공기업의 조건'을 화두로 이 책을 세상에 내놓았다.

"기업들을 보면 어떤 기업은 곧 사라지고 어떤 기업은 100년이 넘도록 영속한다. 아주 오랫동안, 성공적으로 살아남는 기업은 창업자가 죽고 CEO가 몇 번 바뀌고 심지어 회사의 사업분야가 달라짐에도 불구하고 계속 건재한다. 그렇다면 그런 기업은 곧 사라지고 마는 기업과 어떤 차이가 있는 것인가?" 저자들이 이 책을 집필한 동기이다.

저자들은 오랜 연구를 토대로 영속하는 기업에는 핵심가치라는 공통분모가 있다는 것을 발견했다. 그것은 너무나 확고해서 시장상황에 큰 변화가 있더라도 절대 바뀌지 않는 가치이다. 그리고 그것을 포기할 바에는 차라리 회사 문을 닫는 선택을 할 수 있을 정도의 절대적인 기준이다. 대신 그런 회사들은 핵심가치를 제외한 모든 것은 급변하는 시장환경에 탄력적으로 대응한다. 하지만 모든 행동과 생각의 판단 근거는 알게 모르게 회사의 역사와 함께 해온 핵심가치에 놓여 있다.

> 기업들을 보면 어떤 기업은 곧 사라지고 어떤 기업은 100년이 넘도록 영속한다. 아주 오랫동안, 성공적으로 살아남는 기업은 창업자가 죽고 CEO가 몇 번 바뀌고 심지어 회사의 사업분야가 달라짐에도 불구하고 계속 건재한다. 그렇다면 그런 기업은 곧 사라지고 마는 기업과 어떤 차이가 있는 것인가?

3부 | 영혼이 있는 기업 만들기

그런 회사들은 핵심가치를 제외한 모든 것은 급변하는 시장환경에 탄력적으로 대응한다. 하지만 모든 행동과 생각의 판단 근거는 알게 모르게 회사의 역사와 함께 해온 핵심가치에 놓여 있다.

또 핵심가치는 창업자나 CEO가 독단으로 정하는 것이 아니라고 규정한다. 물론 이것의 필요성을 절감하고 기획, 디자인하는 것은 CEO의 역할이 될 수 있지만, 이것을 전 사원이 내면화하는 것은 CEO의 능력 밖의 일이라는 것이다. 그리고 핵심가치가 가장 잘 내면화되어 있는 상태는 CEO가 직원들에게 그것을 누차 강조하지 않아도 직원들 스스로가 회사의 핵심가치를 당연한 것으로 받아들이는 수준이다.

핵심가치와 관련하여 자주 언급되는 사례 중의 하나는 존슨앤존슨이다. 미국에서 누군가가 존슨앤존슨의 제품인 타이레놀에 독극물을 넣는 사태가 발생했다. 회사는 즉각 비상회의를 소집했고, 5분 만에 미국 전역에 배포한 타이레놀을 전량 수거한다는 결정을 내렸다. 이 사건으로 인해 존슨앤존슨은 약 1억 달러에 이르는 손실을 보았다. 그러나 미국 소비자들은 존슨앤존슨에 대해서 무엇과도 비교할 수 없는 신뢰를 가지게 되었다. 존슨앤존슨이 그렇게 손해를 감수하면서도 재빠른 의사결정을 했던 것은 그들에게 1억 달러의 손실과 기꺼이 맞바꿀 수 있는 핵심가치가 있었기 때문이다. 그것은 바로 '고객을 먼저 생각하자'였다.

이 책은 존슨앤존슨 외에도 핵심가치를 잘 보존했기 때문에 불멸의 성공기업이 된 회사들을 다수 소개하고 있다. 3M, 아메리칸 익스프레스, 보잉 등이 그런 회사들이다. 저자들은 이런 회사들을 '비전기업'이라고 정의한다. 이에 비해 이들 회사의 강력한 경쟁자임에도 핵심가치가 불명확했거나 없었기 때문에 경쟁과정에서 뒤떨어진 기업들의 사례도 소개하고 있다.
 이 책은 핵심가치의 의미 외에도 핵심가치를 보존하면서 발전을 자극하는 것의 의미, 크고 위험하지만 대담한 목표를 세우는 것의 의미, 종교적인 수준의 기업문화의 중요성 등을 역설하고 있다.

 이 책을 처음 읽었을 때의 느낌은 "참 좋은 책이다, 공감이 많이 간다, 참고할 것이 퍽 많구나" 하는 정도였다. 그러나 유학 도중 이 책의 내용을 다시 되짚어 보았을 때 나는 예전의 그 독후감에서 훨씬 벗어나 있었다. 그것은 저자로부터 직접 강의를 들어서가 아니었다.
 2000년 중반 당시 우리 회사는 순조롭게 성장하고 있었고 객관적으로도 한국을 대표하는 벤처기업으로 평가받고 있었다. 하지만 무언가가 빠져 있었다. 새로운 사람들이 대거 들어오고 매출은 늘어났지만 시간이 지날수록 모두를 하나로 묶어주는 공통의 가치체계가 불명확해지는 것을 느낀 것이다. 나는 2000년 중반부터 그 문제에 대해서 고민을 하기 시작했다. 그런데 그 해 가을 스탠포드에서 포라스의 강의를 듣는 순간 오랫동안 앞을 가로막고 있던 안개가 걷히는 화두를 잡는 기분이 들었다.
 나는 그날 이후 깊은 회의에 빠졌다. 일단 핵심가치가, 불멸하는 성공기업의 가장 중요한 조건이라는 점은 인정하지만, 과연 우리 회사에는— 지금은 작은 회사이지만 — 내가

> 과연 우리 회사에는 내가 강조하지 않아도 전 사원이 당연한 것으로 받아들이는 핵심가치가 있는가, 그리고 그것은 우리 회사가 문을 닫는 한이 있더라도 포기하지 않을 만큼 강력한 것인가.

강조하지 않아도 전 사원이 당연한 것으로 받아들이는 핵심가치가 있는가, 그리고 그것은 우리 회사가 문을 닫는 한이 있더라도 포기하지 않을 만큼 강력한 것인가 하는 생각에 빠져든 것이다.

곰곰이 생각해 보니까, 희미하지만 우리 회사도 그러한 가치는 있었다는 생각이 들었다. 정직과 성실을 중시하는 기업문화, 합작회사를 만들면서 신뢰와 상호발전을 도모한 것, 1999년 말 컴퓨터 바이러스에 감염된 백신 프로그램을 제공하는 치명적인 실수를 하였을 때 그 실수를 솔직하게 인정한 것 등등. 하지만 나는 《*Built to Last*》에서 언급하는 수준의 핵심가치를 우리 회사가 가지고 있고 전 사원이 내재화하고 있는지에 대해서는 자신이 없었다.

미국으로 향할 때만 해도 업무에서 잠시 벗어나 재충전하러 간다는 가벼운 기분이었다. 그러나 강의가 계속됨에 따라 스트레스가 쌓여갔고 2주 후 한국으로 돌아오는 비행기 안에서 나는 무엇엔가 짓눌리는 듯한 느낌을 지울 수 없었다. 실리콘밸리에서 새로운 트렌드를 배워오자는 게 최초의 목적이었는데, 막상 강의를 들으니까 트렌드는커녕 가장 기초적인 것조차 못하고 있다는 자괴감이 들었다. 내가 이런 마인드를 가지고 회사를 계속 경영할 수 있나 하는 생각까지 들 정도였다.

핵심가치와 비전

　갑갑한 마음으로 한국에 돌아온 후 핵심가치와 비전이라는 문제에 대해 많은 생각을 했다. 아무리 생각해 보아도 포라스가 지적하고 있는 방향이 맞는 것 같았다. 조금씩 생각이 깊이를 더해갈수록 나름대로의 해석을 하게 되었다.
　포라스는 '영속하는 성공기업'들은 공통적으로 핵심가치에 근거한 비전을 가지고 있다고 했다. 또한 영속하는 성공기업을 만들기 위해서 핵심가치와 비전 만들기를 권장하고 있다. 나는 이것을 나 나름대로 '영혼이 있는 기업 만들기'라고 정의하였다.
　또한 영속하는 성공기업은 결과여야 하지 그 자체가 목표가 되어서는 안 된다고 생각했다. 이것은 기업이 수익을 내는 것은 기업활동의 결과이지, 그것 자체가 목표가 되어서는 전후가 뒤바뀐 상황이 되어버리는 것과 같은 이치라고 생각했다.

> 포라스는 핵심가치와 비전 만들기의 목적을 '영속하는 성공기업 만들기'에 두고 있다. 그런데 나는 그보다 더 중요한 데 초점을 맞추는 것이 옳다고 생각했고, 그것을 '영혼이 있는 기업 만들기'라고 정의하였다.

3부 | 영혼이 있는 기업 만들기

나는 기업이 영속하든 안 하든 원래의 핵심가치를 가지고 최선을 다해서 살아가는 모습을 보여주는 것이 더 중요하다고 생각했다. 만약 10년 후에 없어질지라도 그 과정에서 핵심가치를 늘 인식하고 그것을 지켰다면 경영자나 사원들은 후회가 없을 것이라 생각한 것이다.

처음에는 '영속하는 기업 만들기'를 목적으로 설정한 적이 있는데 그것은 잘못된 생각이었음을 깨달았다. 이후 나는 핵심가치를 찾는('정하는'이 아님에 유의해야 한다) 목적을 '영속하는 성공기업 만들기'에서 '영혼이 있는 기업 만들기'로 바꾸었다.

인터뷰를 자주 하다보면 내 설익은 생각이 기사화되어 나중에서야 후회를 하는 경우가 간혹 있다. 전에 어느 인터뷰에서 핵심가치의 목적은 영속하는 기업 만들기라고 말한 적이 있는데, 생각을 정리한 다음에 괜한 말을 했다고 후회한 적이 있다.

어쨌든 이러한 과정들을 거쳐 정리한 핵심가치에 대해서 좀더 설명을 해야겠다. 핵심가치와 비전의 의미는 이러하다.(이것은 책에서 찾아온 것과, 회사를 세운 후 내가 생각하거나 경험해온 것을 토대로 나름대로 소화한 개념이다.)

핵심가치는 기업 구성원의 공통된 가치관이자 신념이며 존재이유이다. 핵심가치가 분명하게 정립되고 신념화된 기업은 조직의 발전뿐만 아니라 개개인에게 유무형의 성취감을 줄 수 있으며 지치지 않는 발전을 가능하게 한다. 또 이상적인 핵심가치는 생계수단 이상의 가치를 개개인에게 줄 수 있으며, 기업이 위기에 처할지라도 그것을 극복할 수 있는 영원한 힘이 된다.

회사는 개개인이 모여서 이루어진 조직이다. 그런데 개인이 가지고 있는 가치관이나 인생의 목적은 저마다 다르고 그 방향도 다르다. 회사가 영속적으로 발전하려면 이 방향을 조절하여 같이 한 목소리로, 한 지점을 향해 나갈 수 있게 맞추는 작업이 필요하다. 이러한 방향을 제대로 잡는 데 꼭 필요한 것이 핵심가치이다.

기업은 사람과 같이 살아있는 유기체이며, 사람이 나름대로 가치관을 가지고 살아야 조화로운 삶을 살 수 있는 것처럼 기업도 하나의 가치관을 가지고 생명을 이어간다. 가치관을 가진 사람이 존재의 의미에 충실할 수 있듯이 기업도 그러한 가치관이 있어야 그 기업의 존재의미에 충실할 수 있다.

이 가치관이 있느냐 없느냐에 따라 기업은 영혼이 있는 기업과 영혼이 없는 기업으로 나누어진다. 영혼이 없는 기업은 그 회사 사람들에게 단지 개개인의 목적을 달성하는 도구일 뿐이다. 그런데 영혼이 있는 기업에서는 전 사원들이 스스로 주체의식을 가지고 기업의 영혼을 자신의 것으로 내재화해서 공동의 발전을 이뤄나간다. 그런 가운데 기업은 영속하는 우량기업으로 자라날 수 있다.

아울러 핵심가치는 경영자의 소유물이 아니다. 경영자만 그

> 기업은 사람과 같이 살아 있는 유기체이며, 사람이 나름대로 가치관을 가지고 살아야 조화로운 삶을 살 수 있는 것처럼 기업도 하나의 가치관을 가지고 생명을 이어간다. 가치관을 가진 사람이 존재의 의미에 충실할 수 있듯이 기업도 그러한 가치관이 있어야 그 기업의 존재의미에 충실할 수 있다.

것을 내재화하고 사원들은 내재화하지 못한다면 그 회사는 영혼을 가진 기업이 될 수 없다. 결국 경영자가 죽거나 은퇴하면 핵심가치는 힘을 잃으며 최초에 지향했던 목표도 제대로 이루지 못하게 된다. 이것은 최고경영자나 사원 모두에게 불행한 일이다.

그러므로 핵심가치와 비전은 절대 일방적으로 내려져서는 안 되며 억지로 주입되어서도 안 된다. 그 구성원들이 진심으로 믿어야 하는 것이다.

또 비전은 단기 목표, 물량적 목표로만 한정되어서는 안 된다. 가령 몇 년까지 매출액 얼마를 달성한다는 것은 목표일 뿐이지 비전의 영역은 아니다. 목표는 단기적인 추동력은 될지언정 기업을 장기간 끌고가는 동인은 되지 못하며 개개인들도 더 이상의 의미 부여를 할 수 없다.

회사에서 사훈이 개개인에게 내재화되지 못하는 이유는 그것이 경영자의 경영철학에 근거해서 위에서 내려지는 형태를 취하고 있어 전 조직원이 진심으로 따르는 신조가 되지 못하고 있기 때문이다.

영혼이 있는 기업을 위한 핵심가치는 다음과 같은 조건을 갖추어야 잘 유지될 수 있다.

1. 구성원들이 진심으로 믿어야 한다.
2. 일관성있게 유지되어야 한다.
3. 제도 속에 스며들어 있어야 한다.

기업마다 핵심가치는 다를 수 있다. 두 회사의 핵심가치가 다를 때 한 회사의 핵심가치가 다른 회사의 것보다 우월하다고 할 수는 없다. 한 조직 내에서 조직원 스스로가 가치를 부여하고 그 가치에 따라 살고 싶다는 마음이 변치 않으면 되는 것이지, 이는 결코 비교대상은 아닌 것이다. 즉 핵심가치란 각 기업이 선택할 몫이다.

다만 내가 확신하는 것은 당장에 명확한 핵심가치가 없다 하더라도 나름대로의 가치관·목표의식을 늘 자각하고 진지하게 성찰하는 회사가 많으면, 그만큼 우리나라 산업발전과 국가경쟁력은 희망을 걸 만하다는 것이다.

이런 개념에서 출발하여 나는 2000년 말에 우리 회사의 핵심가치를 찾는 일을 시작하였다.

안철수연구소의 핵심가치

　핵심가치와 비전이라는 기준에서 우리 회사를 평가하면, 명문화된 핵심가치는 없었지만 창립 후 일관되게 지켜온 가치체계는 존재하고 있었다. 그리고 비전은 초창기에는 없었지만 회사가 발전하면서 전세계가 인정하는 보안기업으로 성장한다는 지향점을 가지게 되었다. 이것은 우리가 핵심가치를 찾아가는 과정에 많은 도움을 주었다. 만약 우리 회사가 창사 이후 아무 방향 없이 연명해 왔다면 핵심가치를 찾는 과정에서도 많은 진통을 겪어야 했을 것이다.

　명문화된 핵심가치가 공유되지 않았어도 크게 불편하지는 않았다. 앞서 말한 대로 최초의 창립 멤버들은 대부분 연구소의 설립취지에 공감해서 합류한 사람들이었고, 어느 기업이나 그러하겠지만 30명 정도의 조직이 3년 이상 어려움을 함께 헤쳐나가다 보면 어느 정도 동화가 되기 때문이다.

핵심가치 찾기가 반드시 빠르다고 좋은 것만은 아니다. 가장 중요한 것은 필요성이 제기되었을 때를 놓치지 않는 것이다. 내가 보기엔 사장이 직원 한 사람 한 사람과 얘기를 나누는 것이 한계에 도달할 때, 부서장에게 대폭적인 권한 이임을 할 필요가 생길 때, 회사의 성장에 따라 조직이 일관성있게 움직일 수 있는 철학적 가이드라인이 필요할 때가 적기이다.

또 핵심가치는 회사 경쟁력 높이기 등 경영효율 관점에서 접근해서는 안 된다. 우리 회사 사람들이 이렇게 생각하면 우리 회사 경쟁력도 그만큼 높아지겠지 하는 목적의식을 가지고 핵심가치를 정한다면(찾는 것이 아니라) 그것은 구호에 그칠 가능성이 많다. 구호에 그칠 바에는 아예 핵심가치를 정하지 않는 편이 낫다.

나는 먼저 부서장들에게 '과연 우리 회사의 핵심가치는 무엇인가'에 대해 저마다 정리작업을 해보도록 했다. 나도 나름대로 생각을 정리했다. 오래 근무한 사원들에게도 핵심가치와 비전에 대한 설문조사를 실시했다. 설문조사 때에는 책을 읽지 않아 핵심가치 개념을 이해하지 못하는 사원들에게서도 어느 정도 비슷한 가치가 나와야 한다고 생각했다.

나의 개인적인 정리작업에서는 네 가지 가치가 나왔다. 그런데 그 중 하나는 최종적인 핵심가치에서 빠지게 되었다. 바로 '장기적인 관점에서 판단한다'였다.

나중에 토의과정에서 알게 되었지만 그것은 나 혼자만이

> 핵심가치는 실제로 모든 사람이 수용가능하다고 믿을 정도의 설득력을 전제로 구체화되어야 한다.

지켜왔던 생각이었다. 실제로 곰곰이 생각해 보니 우리 회사 구성원 모두가 항상 그렇게 살아온 것 같지는 않았다. 우리는 창업 후 생존을 위해서였건, 열악한 환경을 극복하기 위해서였건 매순간에 최선을 다했다. 멀리 본다는 기조를 지키려고 노력했지만 항상 장기적인 관점에서 판단하지는 못했다는 사실을 알게 되었다. 실제 우리가 그렇게 살지 못했는데 내 생각만을 제시한다면 그것이 직원들 가슴에 제대로 전파될 리 없었다.

나는 여기서 핵심가치를 설정할 때 CEO가 독단에 빠지지 않는 것이 중요하다는 교훈을 얻었다. 예를 들어 나에게 있어 개인적으로 가장 소중한 가치관은 정직과 성실이다. 그렇지만 정직과 성실이 우리 회사의 핵심가치는 아니다. 핵심가치는 실제로 모든 사람이 수용가능하다고 믿을 정도의 설득력을 전제로 구체화되어야 한다. 정직과 성실의 경우는 범위가 너무 넓어서 직원들 입장에서는 어디까지 정직하고 성실해야 하는지에 대해 혼돈이 생길 수 있다.

맥아피가 인수 제의를 해왔을 때의 일을 예로 들 수 있다. 앞서 말한 대로 나는 인수 제의를 거절하고 대신 그들과 영업부문에 관한 업무제휴만 했다. 우리가 차세대 제품을 내놓을 때까지 영업업무협약을 통해 시장을 보호하겠다는 의도였다. 나는 그 의도를 맥아피 측에 정직하게 드러내지 않았다. 기업은 일개인과는 다르게 전략을 가지고 살아남아야 하는 존재이므로 경쟁자에게까지 자기 속내를 다 보여줄 수는 없으니 그건 당연한 것이었다.

그러나 기업은 고객과의 약속은 반드시 지켜야 한다. 물론 여기서 고객은 외부고객뿐만 아니라 직원, 주주까지 모두 포함한다. 따라서 우리 회사의 핵심가치에는 추상적인 정직이라는 말 대신에 구체적으로 고객과의 약속 지키기가 포함되게 되었다.

나중에 명문화된 우리 회사 핵심가치 세 가지를 찾아낸 부서장이 있었다. 그는 우리 회사와 관련한 보도자료, 과거 업무수첩 등을 뒤져 자기 나름대로 정리를 해보았는데, 그 세 가지야말로 창사 이래 우리가 일관되게 지켜왔으며, 또 앞으로 지켜가야 할 최적의 가치이자 보편타당한 행동수칙이라고 생각했던 것이다.

후에 그 부서장의 설명을 들으면서 회사의 앞날이 밝겠다는 생각이 들었다. 명확히 정리는 안 되어 있었지만 회사를 만든 후 우리가 어느 정도 방향성을 가지고 여기까지 왔다는 사실에 확신을 갖게 된 것이다.

각자의 의견을 수렴하고 토의와 동의를 하는 과정을 통해 결정된 우리의 핵심가치와 비전은 2001년 시무식을 통해 다음과 같은 내용으로 공식화되었다.

우리의 존재의미와 나아갈 길

사람들은 각자가 소중하게 여기는 가치관과 인생의 목적을 가지고 살고 있다. 우리 회사도 단순히 돈을 벌기 위해서 만들어진 것이 아니다. 우리 회사는 사람과 마찬가지로 소중하게 여기는 가치관과 존재의미를 가지고 있는데, 그것은 '영혼이 있는 기업'이다.

돈은 회사의 생존을 위해서 필수적인 것이기는 하지만, 우리가 우리 스스로 가치관을 지키고 존재의미를 인식하면서 일을 한다면 그 결과로 따라오는 것이라고 믿는다. 아무리 황금만능주의 사회라 할지라도, 아무리 다른 사람을 배려하지 않고 자신만을 생각하는 사회라고 할지라도, 우리가 하는 일은 정말 가치있는 일이며 함께 살아가는 사회를 조금이라도 살기 좋게 만드는 데 기여하는 의미있는 일이다. 그러나 혼자서 이러한 일을 한다는 것은 불가능하다. 그것이 우리가 함께 모여 있는 이유이다.
  우리 회사의 핵심가치는 다음의 세 가지이다.

  1. 우리 모두는 자신의 발전을 위하여 끊임없이 노력한다.
  우리 모두는 자신과 회사의 발전을 위하여 적극적으로 그리고 지속적으로 노력한다. 자신의 능력이 부족하더라도 좌절하거나 안주하지 않고 그 한계를 극복하기 위한 방법을 찾도록 노력한다. 성실하게 노력하면서 발전하는 개인은 자신감을 가진다. 그리고 그 자신감은 겸손함과 상대방에 대한 배려로 표현된다. 그러나 자신에 대한 만족감은 퇴보의 시작이라는 마음가짐으로 경계해야 한다.

  2. 우리는 존중과 신뢰로 서로와 회사의 발전을 위하여 노력한다.
  우리는 서로를 존중한다. 상사는 부하 직원을 존중하고, 부하 직원도 상사를 존중하며, 동료 직원들도 서로를 존중한다. 동시에 상사는 부하 직원이 발전할 수 있도록 이끌어주고, 부하 직원은 상사가 합리적인 의사 결정을 할 수 있도록 당당하게 의견 개진을 하며, 동료끼리는 애정 어린 비판에 인색하지 않는다. 즉, 서로 존중하지만 개인이나 회사의 발전을 위해서 업무적으로는 이의 제기와 토론이 활발하게 이루어져야 한다.
  부서간의 관계도 마찬가지다. 각 부서는 역할이 다를 뿐, 어느 한 부서가 더 우월하거나 더 가치있는 일을 하는 것은 아니

우리 모두는 자신의 발전을 위하여 끊임없이 노력한다.
우리는 존중과 신뢰로 서로와 회사의 발전을 위하여 노력한다.
우리는 고객의 소리에 귀를 기울이고 고객과의 약속은 반드시 지킨다.

다. 모든 부서는 회사에 꼭 필요하고 그래서 똑같이 소중하며 평등한 관계이다. 우리는 한 목표를 향해 합심해서 함께 나아가는 공동체이다.

3. 우리는 고객의 소리에 귀를 기울이고 고객과의 약속은 반드시 지킨다.

우리 회사는 고객의 요구로 탄생되었다. 우리는 고객의 관심과 격려를 기반으로 설립되었고, 현재와 미래 성장의 가장 큰 힘이 고객임을 잊지 않는다. 우리 제품 사용자뿐만 아니라 직원과 주주도 모두 고객이다. 우리는 질책과 격려를 보내는 소수 고객의 의견을 겸허하게 받아들이고, 또한 말없이 지켜보는 대다수 고객의 소리 없는 의견도 항상 염두에 둔다. 우리는 고객에게 정직하고, 크든 작든 고객과 한 약속은 반드시 지킨다. 우리의 의사 결정의 기준은 고객이다.

우리의 존재의미는 다음과 같다.

우리는 끊임없는 연구·개발을 통하여 함께 살아가는 사회에 기여한다.

우리는 연구소라는 이름에 부끄럽지 않게 끊임없는 연구·개발에 노력한다. 우리는 혁신적인 기술개발과 선도적인 제품을 만들기 위해 노력한다. 또한 우리는 고객의 요구와 시장의 변화를 신속하게 수용하여 이에 맞는 기술과 제품을 만든다. 고객의 요구가 아주 단순하고 반복적인 일이거나, 또는 기술적으로 아주 힘든 일일지라도 이 일이 우리가 해야 할 일임을 자각한다. 그리고 우리는 선량한 다수의 사용자들이 쉽게 그리고 부작용 없이 이러한 기술의 혜택을 받을 수 있도록 공익의 정신을 잃지 않는다.

이러한 가치관과 존재의미를 인식하고 열심히 노력한다면, 우리는 2005년에는 세계 10대 보안회사에 진입할 것이다.

우리는 외적인 발전과 내적인 성숙함으로 국가산업 발전에 크게 기여할 것이다. 우리는 벤처산업이 국내산업 발전에 큰 역할을 담당할 수 있도록 최선의 노력을 다할 것이다.

우리는 세계 10개국 이상에 지사를 둔 다국적기업으로 거듭날 것이다. 외국 사용자들은 신뢰할 수 있는 회사와 제품으로 우리를 기억할 것이며, 외국 언론에서도 우리 회사와 제품에 관심을 가지고 동종업계의 대표적인 기업으로 소개할 것이다. 우리는 기술강국으로서 우리나라의 이미지를 만드는 데 큰 공헌을 할 것이다.

또한 우리의 목표는 여기에 그치지 않으며, 목표가 완수된 후에는 더 높은 목표를 향해 함께 노력할 것이다. 미래는 우리가 함께 만들어 가는 것이며, 우리에게 불가능이란 없다는 마음가짐을 갖는다.

우리는 공식화된 이 문서에 '우리의 존재의미와 나아갈 길'이라는 이름을 붙였다. 그리고 세 가지 핵심가치에 대해서 전

> 우리는 공식화된 이 문서에 '우리의 존재의미와 나아갈 길' 이라는 이름을 붙였다.

사원들에게 분명한 의미전달을 하기 위해 설명문을 붙였다. '우리의 존재의미와 나아갈 길'이 선언문 형식이 된 것은 전원이 처음부터 핵심가치를 100% 믿는다는 것은 힘든 일이지만, 선언을 하는 가운데 점차 친숙하게 받아들일 수 있으리란 판단에서였다.

1번에서 회사 발전에 앞서 자신의 발전을 내세운 것은, 단체를 위해서 개인이 희생되면 안 된다고 생각했기 때문이다.

인간의 보편적인 속성상, 회사는 발전한 개인들이 모여서 만들어가야 개인의 목적과 회사의 목적을 한 방향으로 만들어갈 수 있다. 우리나라같이 개인주의적인 사회문화에서 이 접근 방법은 객관적으로도 맞을 것 같았다. 그리고 개인을 무시하는 회사는 설령 아무리 사회 공헌을 많이 한다 하더라도 바람직한 기업은 아니라고 본다.

그러나 개인을 위해서 공동체인 회사가 희생해서도 안 된다는 것은 2번에 담겨 있다. 회사를 절대 개인의 사욕을 위해 이용해서는 안 된다는 것을 명시한 것이다.

우리 회사의 방향과 《Built to Last》 내용 사이에는 조금 차이가 있다. 영속하는 우량기업 만들기 자체가 목표가 아닌 점 외에도 책에는 10~20년간 유지될 수 있는 단기목표를 잡으라고 되어 있지만, 우리는 IT 분야이기 때문에 단기목표를 5년으로 설정했다. 하지만 기본적인 철학은 비슷하다.

지금도 이 핵심가치가 우리 회사 사람 모두에게 100% 내재화되었다고는 생각하지 않는다. 전 직원 모임에서 이것을 발표했을 때에도 누군가는 속으로나마 이의를 제기할 수밖에 없었을 것이다. 전 구성원의 내재화에는 어느 정도의 시간이 더 필요한 것이다.

핵심가치가 전 사원들에게 빨리 전파되려면 CEO 못지않게 부서장의 역할도 중요하다. 만약 부서장이 핵심가치에 동의하고 적극적으로 받아들인다면 그는 자기 부서에서 핵심가치의 전도사가 될 것이다. 충성심에는 수평관계의 충성심과 수직관계의 충성심이 있는데, 위만 지향하는 수직적 충성심이 아니라 조직 구성원들에 대한 수평적 충성심을 가진 사람이라면 이 일의 중요성을 결코 간과하지 않을 것이다.

핵심가치를 뒷받침하는 제도화

핵심가치를 설정하는 것 못지않게 중요한 것이 그것을 제도적으로 뒷받침하는 일이다. 핵심가치가 전 사원의 지지 속에 일관성있게 유지되더라도 이를 제도화하는 시스템은 꼭 필요하다. 아무리 숭고한 영혼도 완전무결함을 늘 유지할 수 없듯이 기업의 영혼도 그것을 유지시켜 주는 시스템이 필요한 것이다.

그리고 핵심가치를 보완할 완벽한 시스템은 불가능하다는 전제에서 제도는 끊임없이 보완되어야 한다.

우리 회사의 경우도 3가지 핵심가치를 좀더 효과적으로, 진지하게 공유할 수 있는 제도화를 시도하고 있으며 지금도 이를 발전시키기 위해 함께 고민하고 있다.

먼저 핵심가치의 중요성을 인식시켜 준 《*Built to Last*》는 승진시험 때마다 필독서로 정했다. 또 승진면접에서 핵심가치와

> 아무리 숭고한 영혼도 완전무결함을 늘 유지할 수 없듯이 기업의 영혼도 그것을 유지시켜 주는 시스템이 필요하다.

비전을 어떻게 자기의 업무에 적용했는지를 중요한 기준으로 삼고 있다.

인사관리제도에서도 그가 정말 스스로 발전하려고 노력하는 사람인지, 아울러 다른 사람의 발전을 위해서도 노력하는 사람인지를 인사고과 및 연봉에 반영하는 제도를 만들고 있다. 그 사람이 회사의 핵심가치에 맞게 노력했다면 가시적인 보상이 따르는 것은 당연한 일이다.

사욕을 위해 회사를 이용하는 사람에 대해서는 아주 엄정하게 다스리고 있다. 이는 그 사람의 능력이 아무리 출중하더라도 절대 예외가 없는 사안이다. 그래서 핵심가치를 정하기 전에도 나는 회사의 큰 자산이 될 만큼 출중한 능력을 갖췄지만 자신의 이익을 위해 타인에게 피해를 준 몇 사람을 내보낸 경험이 있다.

일단 설정된 핵심가치는 기업의 생존을 초월하는 가치로 자리매김해야 한다. 물론 우리의 핵심가치를 설명하는 세부적인 내용은 부분적인 수정이 있을 것이다. 그러나 이것은 소소한 변경에 그칠 것이고, 백 년이 지난다 하더라도 세 가지 핵심가치는 바뀌지 않을 것이다.

가령 핵심가치를 정한 후 회사가 사라질 위기에 처했다고 해보자. 그런데 회사의 핵심가치를 어기면 살아날 비즈니스 기회가 있다. 그럼 이때 회사를 존속시키기 위해 핵심가치를 거슬러야 하는가? 나는 차라리 회사가 스스로 소멸하는 것이 맞

> 회사의 핵심가치를 어기면 살아날 비즈니스 기회가 있다. 그럼 이때 회사를 존속시키기 위해 핵심가치를 거슬러야 하는가? 나는 존속시킬 바에는 회사가 스스로 소멸하는 것이 맞다고 생각한다.

다고 생각한다. 그 기업이 스스로 설정한 핵심가치를 위반하면, 설령 그 회사가 생명을 이어가더라도 생존할 존재이유 자체는 사라지기 때문이다.

사실 핵심가치를 설정하는 것보다 그것을 설정한 후 지키는 일이 더 힘든 것 같다. 우리 회사도 앞으로 이 문제를 가지고 본격적으로 갈등을 겪을 것이다. 가령 중요한 결정을 내려야 할 때 핵심가치는 늘 우리의 판단기준이 되어야 하는데, 이를 두고 많은 토론을 할 수밖에 없다. 나 자신도 사람들로부터 공격을 당할 것이고 실제로 그런 일이 있기도 했다. 그러나 핵심가치는 그런 건전하고 열정적인 논의 가운데 자리를 잡을 것이라고 확신한다.

나는 6년 전에 쓴 책에서 몇 가지를 약속했는데 그것을 모두 지켰다. 그와 마찬가지로 5년 후 되돌아봤을 때 '우리의 존재의미와 나아갈 길'에 나오는 모든 세부조항들까지 제대로 구현했구나 하는 상황이 된다면, CEO로서 그보다 행복한 일은 없을 것이다. 나는 그것을 회사의 성장보다 더 가치있는 성공이라고 평가할 것이다. 외형적인 발전과 무관하게 최초의 정신을 계속 지켜간다면, 성공적인 기업경영은 차치하더라도 인간으로서 성공적인 삶을 경영했다고는 할 수 있을 것이기 때문이다.

반면 우리의 핵심가치를 지키기 위해 얼마나 전력투구했느냐에 대해 나중에 되돌아보고 느슨한 부분이 발견된다면 나는 큰 부끄러움을 느낄 것이다. 설령 매출 목표를 다 달성했다 하더라도 결코 부끄러움 앞에서 자유로울 수 없을 것이다.

앞으로 우리 회사 사람 중에서 핵심가치에 동의하지 못하는 사람이 나타날 수 있다. 우리가 교조를 받드는 종교집단이 아닌 바에야 핵심가치의 개인적인 신념화에 차이가 나는 것은 당연한 일이다. 그렇다고 그 사람을 비난하거나 서운함을 표하지는 않을 것이다. 그 사람이 틀린 것은 아니기 때문이다. 다만, 핵심가치를 지키고 발전시켜 가는 사람에게는 혜택을 확대해 나갈 것이다.

진정한 기업 이미지

어떤 분이 이런 말을 한 적이 있다.

"안철수연구소는 적절한 타이밍에 홍보 건수를 참 잘도 만든다. IMF 사태로 많은 국내기업들이 외국에 인수될 때는 맥아피 건이 터져나왔고, 벤처기업가의 도덕성이 사회문제가 되었을 때는 주식을 직원들에게 나눠준 일로 언론의 화제가 되었다. 안철수연구소는 운도 좋다."

결과적으로는 그렇게 되고 말았으니 별다른 변명도 못하지만, 의도한 적이 전혀 없기에 속으로는 답답한 심정이다.

나는 우리 회사가 기업 이미지에 신경을 쓰지는 않았다고 생각한다. 백신을 무료로 보급하면서 굳어진 확고한 이미지를 믿어서도 아니고, 우리의 주력 제품이 국내 시장에서 확고하게 우위를 점하고 있기 때문도 아니다.

기업 이미지에 별 신경을 안 쓰는 이유는, 스스로의 기준에 부끄럽지 않게 회사를 건강하고 강한 기업으로 키워가는 데 진력하는 것을 기업 이미지보다 더 가치있게 여기기 때문이다. 그래서 창업 직후에도 그러했듯이 지금도 나에게는, 기업 이미지에 세세하게 신경을 쓰는 개념이 부족하다.

물론 홍보는 중요하다. 우리 회사에도 홍보 담당자가 있고 보도자료도 많이 발표한다. 하지만 우리 회사의 홍보는 고객들이 정말로 알아야 할 정보를 정확히, 제때에 알려주는 데 초점이 맞춰져 있다. 그것이 불러일으키는 이미지의 확대재생산에는 거의 신경 쓰지 않는다.

같은 맥락에서 부정적인 사안에 대한 방어논리 개발에도 우리는 크게 연연하지 않는다. 회사가 지적을 받을 수 있는 사안이 생길 경우 그에 대해 책임은 다 지지만 억지로 숨기지는 않는다. 숨기기보다는 정직하게 시인하는 것이 더 좋은 해결책이라는 것을 잘 알고 있거니와, 고객에 대한 약속을 지키는 것이 우리의 핵심가치이기 때문에 아예 그런 일이 없도록 하려고 애쓰고 있다.

실제 좋은 것이든 나쁜 것이든 우리 회사 이미지가 확대재생산된 것은 우리의 의지와는 상관없이 다른 채널에서, 우리도 모르는 사이에 일어났다. 앞서 말한 맥아피의 인수 제의를 거절한 것, 2000년 말에 사원들에게 주식을 무상으로 나눠준 것도 우리는 보도자료 한 장 만들어 본 적이 없다. 주식 무상증여의 경우, 나는 이 문제를 외부에 알릴 생각이 처음부터 없었다. 외부고객에게 알릴 정보로서의 가치가 없는, 내부 문제였기 때문이다. 그런데 2주 후 대형 벤처 사기사건이 터진 시점에 우연히 한 언론사에서 이 사실을 포착했고 결국 외부에 알려졌다.

알려진 경로가 어찌되었건 이런 일들이 세상에 알려짐으로써 우리 회사가 갖게 되는 좋은 이미지를 마다할 이유는 없다. 그러나 내부적으로는 그런 결과에 대해 큰 가치를 부여하지 않고 오히려 그런 상황이 생길 때마다 더 조심스러워지는 게 기본 입장이다.

사실 정말 아쉬운 것은 우리가 진정으로 널리 알리고 싶은데 그것이 제대로 전파되지 못하거나 다르게 전파되는 경우이다. 홍보력이 부족한 탓도 있고, 또 사회문화 때문에 이런 일은 드물지 않게 일어난다. 우리 회사도 그런 경우가 몇 번 있었다.

1999년 말, 평소 가깝게 지내던 한 기자에게 사적으로 한 말이 여과 없이 보도되면서 적지 않은 오해를 받은 적이 있다.

"요즘 국내 벤처기업들은 정치한 사업계획서나 아이템도 없이 벤처 붐을 틈타 무턱대고 자금만 끌어당긴다. … 이런 풍토가 계속된다면 머지않아 95%의 벤처기업이 무너지고, 돈을 날리는 투자가들이 속출할 것이다."

훗날 결과적으로는 맞아떨어졌지만, 위와 같은 내용의 보도가 나가자마자 회사 전화통에 불이 났다. 옳은 지적이었다는 격려도 많았지만, "벤처 붐에 찬물을 끼얹었다"며 비판하는 전화도 많았다.

실제로 전달하려고 했던 핵심은 "현재 벤처기업들 중 앞으로 크게 성공할 수 있는 기업은 5%를 넘지 못할 것이다"였다. 이것은 우리뿐만 아니라 실리콘 밸리의 신생기업들 사이에서도 정설로 통하는 사실이다. 벤처 자본가들도 그 5% 미만의 가능성에 거금을 쏟아붓는다. 그래서 이름도 '벤처기업' 아닌가. 그런데 기사 편집 과정에서 제목이 '95%가 망할 것'이라고 단정적으로 표현됨으로써 원래의 발언 의도가 빗나가 버린 것이다.

흐름에 휩쓸려 정말 알려야 할 가치가 있는 것이 언론에서 소홀하게 취급받은 적도 있었다. 1999년 말의 일인데, 당시는 Y2K버그가 굉장한 화두였고 컴퓨터 바이러스의 경우도 Y2K 바이러스가 기승을 부릴 것이란 예상이 득세하고 있었다. 그런데 당시 우리 회사는 Y2K 바이러스에 대해서는 걱정할 게 없다고 결론을 내렸다.

우리가 이렇게 자신했던 이유는 컴퓨터 바이러스 문제는 일단 그것이 사용자에게 널리 퍼진 상황에서 피해가 발생하는 것이 일반적인데, 당시 신고상황으로 봐서 바이러스가 문제될 기미가 보이지 않았기 때문이다. 다른 바이러스에 비해 고객들의 공포감이 더 클 것으로 짐작하고 우리는 적극적으로 'Y2K 바이러스는 걱정할 필요가 없다'는 내용의 보도자료를 발표했다.

사실 바이러스에 관한 경고를 할 때 어떤 바이러스를 경계

> 당시 우리 회사는 Y2K 바이러스에 대해서는 걱정할 게 없다고 결론을 내렸다. 우리는 적극적으로 'Y2K 바이러스는 걱정할 필요가 없다'는 내용의 보도자료를 돌렸다.

3부 | 영혼이 있는 기업 만들기   111

하라는 말은 하기 쉬워도, 걱정할 것 없다는 예보는 좀더 신중한 판단을 필요로 한다. 걱정할 것 없다고 했다가 반대로 문제가 생기면 백 번 잘한 것보다 더 많은 질타를 받아야 하기 때문이다.

당시 대부분의 언론은 **Y2K** 바이러스 문제를 주요 이슈로 부각시키고 있었다. 또 외국 백신회사들과 한국의 한 백신회사까지도 이를 영업에 이용하기 위해 혈안이 되어 있었다. 결국 Y2K 바이러스는 걱정하지 않아도 된다는 우리의 메시지는 특별히 보도할 가치가 없는 것으로 밀려나 버렸다. 결국 극소수의 신문만이 우리의 보도자료를 기사화했다. 전체적인 분위기가 Y2K를 대단히 우려하는 쪽으로 휩쓸리는 상황이라고 이해해 보려고도 했지만, 개인적으로는 매우 안타까운 경험이었다. 결국 이렇다 할 피해 없이 2000년 벽두가 지나갔다.

이와는 성격이 다르지만, 우리의 진실이 다른 회사들에 의해 잘못 전달되는 경우도 있었다.

올해 초의 일이다. 몇몇 신문에 한국의 일부 벤처기업가들이 부시 대통령의 취임식에 참석한다는 기사가 나왔는데, 거기에 내 이름이 들어가 있었다. 이런 경우 무척 난감하다. 제의를 받았을 때 하루이틀 고민하다가 분명히 가지 않겠다고 통보를 했는데 신문에는 참석하는 것으로 기사가 난 것이다.

당시 우리 회사는 조직을 대폭 개편하면서 시스템을 안정화하는 과정이어서 굉장히 바쁜 때였다. 미국에 관련 세미나가 있는 것도 아니고 투자 유치를 할 일도 없고 또 우리 회사같이 작은 회사가 거기 간다고 국위가 선양되는 것도 아니고, 백퍼센트 안 가는 게 옳았다.

신문에 이름이 난 걸 보고 무척 난감했다. 이렇게 한가한 사람으로 비춰지면 어떡하나 하고 먼저 생각했는데, 아닌게 아니라 얼마 후에 그런 얘기를 누구에게 들었다. 이미지에 신경을 써서가 아니라, 사실이 왜곡되어 전달되니 답답한 노릇이 아닐 수 없었다. 해당 언론사에 책임을 물을 수도 없고 또 그런 일로 언론사에 정정보도를 요구하기도 어려워서 당혹스러웠다.

홍보와 관련해서 회사의 정보를 제대로, 정확하게 알리는 것은 늘 신중해야 한다. 설익은 제품을 내보내면 고객의 부정적인 반응이 되돌아오듯이 설익은 생각이 새나가는 것도 위험하다. 그것은 지키지 못할 약속이 될 가능성이 높기 때문이다. 그래서 우리 회사의 경우에는 한 장의 보도자료라 할지라도 분명한 사실이 아니면 절대 외부에 공개하지 않는다. 설익은 정보, 확고하게 내려지지 않은 결정이 외부에 알려져 그것과 관련된 사람이나 회사에 피해를 준다면, 그 피해가 아무리 사소하다 하더라도 그것은 큰 잘못이기 때문이다.

물론 외국에 우리 회사 이름을 널리 알리는 일은 매우 중요해질 것이다. 하지만 그곳에서도 우리의 본질을 왜곡하지 않고 전략적인 마케팅과 객관적으로 확보된 기술력으로 고객들에게 다가설 것이다. 외국의 경우라 하더라도 정직한 기업정보와 품질우위를 능가할 홍보수단은 없을 것이기 때문이다.

평등한 기회와 공정한 분배

벤처기업의 경우 회사가 성장하면 창립 멤버는 대부분 임원이 되는 경우가 많다. 그러나 우리 회사는 그렇지 않다. 창립 멤버 중에 현재 이사로 있는 사람도 있지만 대리나 과장으로 일하는 사람도 있다. 하지만 이것 때문에 불만을 제기하는 사람은 없다. 불만을 드러내지 않은 경우도 있겠지만 큰 탈이 없었다는 점에서 지금까지는 비교적 공정하게 평가해 왔다고 생각한다.

평등함과 공정함은 혼동되는 경우가 많다. 벤처기업도 예외는 아니다.

지각이 있는 사람이라면 경제활동에서 자신이 의당 가져가야 할 권리나 몫을 부당하게 빼앗기고 있다는 생각이 들 때, 가만히 있지는 않을 것이다.

> 평등함과 공정함은 혼동되는 경우가 많다. 벤처기업도 예외는 아니다.

내 입장에서도 다같이 수고했는데 위에서 일방적으로 빼앗아 가기만 한다면 그것을 참아내기 힘들 것 같다. 그런 마음이 생기지 않게 하는 것도 CEO의 역할이다.(개인적으로 나는 노동자라는 말이 편안하지 않다. 물론 이 단어에 담겨진 역사적·사회적인 의미와 가치를 중요하게 생각한다. 그러나 이 말에서는 상하간의 계층구분, 분리의식이 느껴진다. 그리고 이러한 고정관념이 생겨난 데에는 많이 가진 사람들의 책임이 더 크다고 생각한다.)

그런데 내가 보기에 이 문제는 '공정함의 부재' 또는 공정함에 대한 공감대 부족에서 비롯된 것이 아닐까 한다. 사실 이 부분은 워낙 예민한 문제이고 큰 고민이기도 하다. 더구나 사람들은 돈 문제에 대해서 무척 감정적인 면이 있어 합리적인 논의와 동의가 힘든 측면도 있다.

연봉제의 경우를 예로 들면 우리 회사의 경우도 모든 사람들의 생각이 같지는 않다. 현재 우리 회사 연봉제는 성과에 따라 차등을 두고 지급되는 형식이다. 그래서 사원이 대리보다, 대리가 과장보다 급여를 많이 받는 경우도 있다. 또 Profit Sharing이라는 제도를 두고 있다. 이것은 목표이익이 초과달성되었을 경우 초과액의 일정 부분을 직원들에게 지급하는 제도다. 물론 예민한 문제이기 때문에 최대한 공정한 잣대를 적용하려고 애쓰고 있다.

그럼에도 어떤 사람의 경우 자기가 받는 절대 액수 때문이 아니라 동료와의 상대적 비교 때문에 불만을 가지는 것을 보았다. 진짜 누구에게도 부끄럽지 않을 정도로 공정하게 처리하는 경우에도 이런 문제는 완전히 해결되지 않는다. 사람의 관

> 그러나 '이익을 함께 나눈다'에는 유의해야 할 점이 하나 있다. 그것은 이익의 배분이 평등하게가 아니라 공정하게 이루어져야 한다는 것이다. 민주주의도 그러하지만, 자신의 연봉을 올릴 수 있는 기회는 평등하나 결과는 평등하지 않으며 그에 대한 보상도 평등할 수 없다는 것이 내 생각이다.

계는 논리로는 풀 수 없는 여러 요소들이 있는데, 이런 것들이 가장 예민하면서도 풀기 힘든 숙제이다.

이 문제를 어떻게 보완해 나가야 할까? 완전할 수는 없지만 가장 좋은 기준은 엄정한 분배의 원칙과 공정한 분배의 과정이 아닐까 한다. 이를 위한 가장 기본적인 바탕은 경영자와 일반 사원들 사이의 확고한 동료의식에서 나온다. 그리고 분배 차원에서의 동료의식은, '현재 우리는 함께 땀흘린 결과를 매우 공정한 방법으로 나누고 있다'는 공감대에서 생겨난다.

그러나 '이익을 함께 나눈다'에는 유의해야 할 점이 하나 있다. 그것은 이익의 배분이 평등하게가 아니라 공정하게 이루어져야 한다는 것이다. 성장의 과실을 나누는 문제에 있어 그 평가기준은 매우 객관적이고 엄정해야 한다. 그리고 차이의 최소화를 향해 개선은 할 수 있겠지만 만인을 만족시킬 시스템은 존재하지 않는다. 무조건적인 평등과는 다른 차원에서 접근해야 한다는 것이다. 평등과 공정은 다르다. 민주주의도 그러하지만, 자신의 연봉을 올릴 수 있는 기회는 평등하나 결과는 평등하지 않으며 그에 대한 보상도 평등할 수 없다.

예를 들어 비슷한 자격을 가진 두 사람에게 똑같이 매니저의 역할을 주었다고 하자. 이것은 기회의 평등이다. 그런데 기회의 평등에서 같이 출발한 두 사람 중에 한 사람은 좋은 성과를 거두었고 한 사람은 실패를 했다면 그 결과에 따른 보상에 차별을 두는 것이 더 정의로운 것이 아닐까. 기회를 평등하게 주는 것은 CEO의 역할이지만 자신이 해낸 결과치를 객관적으로 인정하는 것은 개개인의 양식의 문제라 할 것이다. 물론 이런 결과가 나왔을 때 CEO가 결과의 평등만 운운해서는 안 된다. 결과에 대한 보상에 차별을 둠과 동시에, 열심히 했음에도 실패했다면 그 사람이 같은 실수를 반복하지 않도록 새로운 기회를 주거나 정말 잘할 수 있는 다른 무엇을 찾아주어야 한다.

우리 회사에도 성장기에 이런 일이 더러 있었다. 평등하게 주어진 기회에서 제대로 일을 못한 사람과 면담을 해보니 "왜 기존 업무를 잘하고 있었는데 딴 일을 시켰느냐"는 투로 나를 원망하는 마음도 가지고 있었다. 그가 좌절을 느꼈다면 나에게도 일부분 책임이 있다는 생각이 들었고 그 사람이 잘할 수 있는 쪽을 적극 찾아주었다. 다행히 사람들은 실패를 반복하지 않았다.

공정한 분배는 CEO의 건강한 생각만으로 다 되는 것이 아니다. 매우 투명하고 합리적인 제도로 뒷받침되어야 한다. 그리고 그 제도는 철저하게 원칙에 입각한 것이어야 한다.

회사의 경우도 마찬가지다. 동등한 자격을 갖추고 있는 사람들에게 기회는 평등하게 주되 그 결과의 평가에 대해서는 만인이 동의할 수 있는 기준을 마련해야 한다. 투명경영이 필요하고 또 투명경영이 진정 힘을 발휘하는 것도 이때이다.

또 조직원들도 기본적으로 받아들일 것은 받아들여야 한다. 즉, 기업이 벌어들이는 재화는 만인을 충족시킬 만큼 무한할 수 없으며, 모든 사람이 충분히 가져갈 수 없다는 사실을 인정해야 하는 것이다.

4부

긴 호흡과 엄정한 자기 기준

나는 영리하고 빠른 조직과 느리더라도 건강한 조직 중 하나를 택하라면 느리더라도 건강한 조직을 택할 것이다.

내 돈과 회사 돈

일하다 보면 같이 일하는 사람들로부터 감동을 받는 경우가 있다. 우리 회사의 핵심가치를 만들기 위해 사원들의 의견을 받을 때의 일이다. 그때 관리담당 부서장이 이런 의견을 제시했다.

"우리의 핵심가치에는 다른 건 몰라도 '정직'이 꼭 들어가야 합니다."

나는 그 말에 큰 감동을 받았다. 관리 분야에서 자발적으로 자신있게 정직을 핵심가치에 넣어야 한다고 주장할 정도라면 우리 회사가 제대로 가고 있구나 하는 자부심이 들었다. 이것은 CEO에게도 큰 복인 것이, 회계업무를 관장하는 부서장이 그렇게 얘기할 정도면 업무를 정말로 믿고 맡길 수가 있고, 그 결과 CEO는 더 중요한 일에 자유롭게 생각을 집중할 수 있기 때문이다.

나는 투명경영이 왜 우리 시대 기업경영의 화두가 되어야 하는지가 의문이다. 그래서 개인적으로 누가 묻기 전에는 투명경영이라는 말 자체를 아예 꺼내지도 않는다. 이것은 "착한 사람이 복을 받는다"고 생각한다고 그것을 항상 떠들고 다니지 않는 것과 마찬가지다. 너무나 당연하고 상식적인 명제이기 때문에 아예 의식을 하지 않는 것이다.

그래서 인터뷰를 할 때 이런 질문을 받으면 아무 할말이 없다. 또 이 부분에 대해서 다른 회사와 비교할 생각도 없으며, 비교한다는 것 자체가 별로 의미가 없다고 생각한다.

이 문제에 접근할 때는 공정함이 보장된 시스템과 CEO의 솔선수범이 가장 중요한 요소가 된다.

기업은 여러 이해관계자들이 모여서 이룬 집단이다. 결국 복잡한 관계가 전제인데, 그 이해관계자들은 모두 공정하게 대접받아야 한다. 그러지 않으면 어느 한 쪽으로 쏠릴 수밖에 없고, 당연히 다른 한 쪽에서는 불만을 가질 것이며, 결국 그 기업은 건강하지 못한 관계로 인해 문제를 떠안게 될 것이다.

접대문화를 보자. 기업의 경쟁력을 깎는 접대문화의 원인 중에는 개인적인 도덕성 외에도 상대적 박탈감이 한몫 한다. 기업이 잘 되었을 때 그 결과가 직접 사원들에게 공정하게 돌아가는 시스템이 보장되지 않으니까 접대 받는 것을 통해 그러한 보상의 불균형을 해소하는 것이다. 윗사람은 밖에서 대접 받을 것 다 받는데 나라고 못할소냐 하는 상대적 박탈감이 바

> 누가 묻기 전에는 투명경영이라는 말 자체를 아예 꺼내지도 않는다. 이것은 "착한 사람은 복을 받는다"고 생각한다고 그것을 항상 떠들고 다니지 않는 것과 마찬가지 논리다.

닥에 깔려 있다. 그러므로 자기는 접대를 받으면서 아랫사람에게 접대받지 말라는 것은 어불성설이다.

거래처 사람들과 식사하는 것이야 인간적인 윤활제가 된다. 그런데 어떤 위치에 있든 자기에게 주어진 권한에 편승해서 돈을 받거나 유흥의 대접을 받는 것은, 만약 그 사람이 우리 회사 사람이라면 당연히 해고감이다.

투명함이 지켜지는 회사를 만들기 위해서는 CEO의 역할이 전적으로 중요하다. 그러려면 제일 먼저 회사 돈과 자기 지갑 속의 돈에 대해 철저하게 구별하는 태도가 필요하다. 근원적으로 회사가 성장하려면 아무리 자기 회사라도 자기 월급만을 가지고 생활한다는 마인드가 있어야 한다.

몇 년 전 일이다. 당시 나와 다른 한 직원은 두 사람이 교대로 식대를 부담하며 밥을 먹게 되었다. 그런데 예정에도 없이 다른 직원이 같이 식사를 하게 되었다. 그날은 내가 부담할 날이었는데, 식사를 마친 후 나는 두 사람분만 계산하고 식당을 나왔다. 나중에 안 일이지만 그 내막을 모르는 다른 한 직원은 "어떻게 저럴 수가!" 하며 자기 돈으로 식대를 낸 후 꽤나 나를 오해했다고 한다. 그런 일이 왜 생겼을까 생각해 보니까, 내가 회사 돈과 내 돈을 너무 엄격하게 구분하는 게 버릇이 된 것이 원인인 것 같다.

요즘도 그건 달라진 게 없어서, 부서회식 명목이 아니면 우리는 각자가 알아서 계산한다. 물론 나에게 지급된 법인카드가 있지만, 그걸 기분 내키는 대로 쓸 수는 없는 일이다. 짜다는 소리를 들어도 할 수 없는 게, 이렇게 아낀 돈을 나중에 공정하게 나누는 것이 더 바람직하다고 생각하기 때문이다.

이런 점으로 인해 CEO가 순간적으로 오해를 받을지 몰라도 회사가 성장하면 모든 것은 이해되고 더 큰 시너지를 만들어낸다고 믿는다. 회사 돈과 내 돈, 회사 시간과 내 시간은 엄격하게 구별하는 문화가 자연스럽게 생겨나는 것이다. 이런 점에서 CEO는 회사 돈과 내 돈에 대한 구별이 강박증 수준이 되어야 한다고 생각한다.

> 짜다는 소리를 들어도 할 수 없는 게, 이렇게 아낀 돈을 나중에 공정하게 나누는 것이 더 바람직하다고 생각하기 때문이다.

성장기의 기업문화 지키기

성장기에 기업문화나 핵심가치를 유지하는 것의 최대 관건은 사람이다. 우리 회사의 경우도 50여 명이던 직원이 1년 사이에 100명 이상 늘어나면서 다양한 기업에서 경력을 쌓아온 사람들이 일순간에 한가족이 되었다. 이때가 우리에겐 기업문화를 유지해 나가는 데 있어 시험기였다. 그래서 핵심가치를 정하는 일을 서두르게 되었다.

그러나 핵심가치를 정하는 것만이 능사는 아니다. 다양한 문화에서 일해온 사람들이 얼마나 잘 적응하고 있는지를 섬세하게 살피는 것도 벤처기업 성장에서 무척 중요하다. 회사 문화는 한 방향으로 가는 것이 제일 중요한데, 그러려면 하나의 목표를 향해 가도록 개인적인 차별점을 메워나가야 하는 것이다.

이렇게 하려면 먼저 그들의 애로를 경청해야 한다. 사람은 저마다 욕구가 다르기 때문에 핵심가치는 주도적으로 전파하되, 그 사람이 가장 바라는 것을 경청하는 자세가 중요하다.

다음으로 필요한 것은 새 사람이 들어왔을 때 그들과 1, 2년을 같이 있을 게 아니라 적어도 10년은 함께 할 것이라는 동료의 자세로 그들을 받아들이는 모습을 보여주는 것이다. CEO의 경우 그 사람이 회사의 핵심가치에 동의하고 그것을 실행하는 사람이라면 그의 경력관리까지 책임져주고 싶다는 마음을 자연스럽게 전하는 것이다.

다행인 것은 우리 회사의 경우 사람을 채용하는 과정에서 나름대로 가치관 중심의 면접을 하기 때문에 채용 후에는 미세조정으로도 그것이 가능하다는 점이다. 채용 시점에서의 이러한 선택은, 장기적인 차원의 회사 발전은 물론 단기적으로도 회사의 힘을 낭비하지 않게 해준다.

아울러 외부에서 많은 사람들이 들어오는 것은 벤처기업에게는 위기이기도 하지만 동시에 기회도 된다. 우리 회사의 경우 대기업에서 일했던 사람도 있고 외국계기업 또는 같은 벤처기업에서 일했던 사람도 있다. 같이 회사생활을 해보니 저마다 장단점이 있다는 것을 알 수 있었다.

다양한 사람들이 섞이는 과정에서 느낀 것은 기업문화가 비슷한 곳에서 일했던 사람이 가장 잘 적응한다는 점이다. 또 대기업에서 온 사람들의 경우 수직적인 조직문화 때문에 눌려 있던 개인적인 성취동기가 더 강해져서 본인의 발전은 물론 회사 발전에도 큰 도움이 되는 경우가 많았다. 또 시스템적으로 미진했던 분야도 그런 사람들을 통해 가다듬을 수 있는 기회가 되었다.

일반사원보다 더 힘든 것은 경영진의 영입이다. 어떤 책에서 보니까 미국의 경우 임원을 영입했을 때 본래의 목적에 부합하여 성공을 거두는 확률이 30%에 불과하다고 한다. 이것은 한국도 마찬가지여서 벤처기업의 발전에 매우 중요한 요소이지만 결코 쉬운 일이 아니다. 나의 경우 회사를 세운 후 개인적으로 가장 시행착오가 많았던 분야가 고위 경영진의 영입이었다. 임원 몇 사람을 영입했는데 끝맺음이 좋지 않은 경우가 몇 번 있었다. 이러한 과정을 통해 경영진 영입은 사원 채용과는 다른 차원의 문제로 접근해야 한다는 것을 알게 되었다.

사원의 경우는 그의 가치관, 상호발전에 대한 마인드, 재능, 미래의 가능성을 확실히 점검하면 거의 성공한다. 그런데 경영진은 그것 외에도 경영철학이 맞아야 한다. 회사가 발전하려면 경영진이 똑같은 목소리를 내는 것이 중요한데, 가치관이 설령 맞다 하더라도 경영철학이 다르면 언젠가는 문제가 드러나게 된다. 경영철학은 가치관과 마찬가지로 정답이 없기 때문에 정확하게 변별하기가 무척 어렵고 그걸 서로가 파악하는 데도 시간이 걸린다. 경영진을 제대로 영입하는 일이 어려운 것도 이 때문이다.

이러한 오류의 가능성을 최대한 줄이려면 영입 대상자와 이야기를 많이 하면서 서로를 확인하는 작업을 갖는 것이 가장 좋은 방법이다. 또 일단 영입한 후 차이가 발견된다면 설득하고 이해시켜야 한다. 경영철학은 가치관과 약간 달라서 이야기를 통해 이해시킬 수 있는 부분이 있기 때문이다.

고객에게 정직해지는 법

기업이 가장 정직해야 할 부문이 있다면 그것은 바로 고객과의 약속을 지키는 일이다. 우리 회사가 고객과의 약속에서 100% 정직했다고 장담할 수는 없다. 그러나 만약 그런 실수가 있었다면 다시는 반복하지 않을 것이다.

고객에게 정직해지는 법은 간단하다. 그것은 지킬 수 있는 약속만 하는 것이다. 그래서 우리 회사에서는 판매를 위해 자신 없는 약속을 하는 것을 금하고 있다. 즉 고객과의 관계에서 '일단'은 결코 남발해서는 안 되는 표현인 것이다.

흔히 고객만족은 제품을 구입하는 고객에게 초점이 많이 맞춰진다. 주주와 직원도 고객이라는 사실을 간과하기 때문이다.

사실 고객만족의 출발점은 내부고객만족에서 시작한다. 가령 영업, 고객지원부서 등 고객과 접점에 있는 사람들이 회사에

> 우리 회사에서는 판매를 위해 자신없는 약속을 하는 것을 금하고 있다. 즉 고객과의 관계에서 '일단'은 결코 남발해서는 안 되는 표현인 것이다.

대해서 만족하지 않는다면 그것은 제품고객을 대하는 태도에 그대로 반영될 수밖에 없다. 이런 점에서 관리부문의 역할은 매우 중요하다. 사내 직원들이 그들에겐 고객이기 때문이다.

그럼 내부고객만족에 신경을 많이 써야 하는 사람은 누구인가? 그것은 당연히 CEO다. 조직의 특성상 아무리 좋은 회사, 아무리 훌륭한 CEO가 있다 하더라도 그 조직에 불만이 없는 상황은 불가능할 것이다.

그러므로 CEO가 정말 경계해야 할 것은 자기를 둘러싼 만족의 소리가 아니라 드러나지 않는 '불만족의 침묵'이다. 이것은 누구의 말을 빌리자면 바늘이 떨어지는 소리를 듣는 것과 같은 예민함이 요구되는 부분이다. 나도 사실 이 부분에 대해서는 해도해도 모자란다는 생각을 한다.

솔선수범, 약속 지키기, 신뢰가 최상의 방법이지만 이것으로 부족할 때는 직접 경청하는 방법도 매우 중요하다. 이메일로 부족할 때는 직접 만나야 한다. 사원이 개인면담을 청해올 때는 굉장한 심각성이 전제되기 때문에 만사를 제쳐두고 만나야 한다. 실제로 예상치도 않은 면담 요청 때문에 외부 모임에 나가지 못한 날이 있었는데, 나는 그것이 올바른 선택이었다고 생각한다.

나에게는 인터뷰 요청이 자주 들어오는 편인데, 인터뷰를 좋아하지 않는 몇 가지 이유가 있다. 설익은 생각이 새나갈 가능성이 있고, 무조건 우리가 옳다는 식으로 비쳐질 가능성이 두렵기 때문이다. 그리고 또 하나의 이유가 있는데, 인터뷰를

> CEO가 정말 경계해야 할 것은 자기를 둘러싼 만족의 소리가 아니라 드러나지 않는 '불만족의 침묵'이다. 이것은 누구의 말을 빌리자면 바늘이 떨어지는 소리를 듣는 것과 같은 예민함이 요구되는 부분이다. 나도 사실 이 부분에 대해서는 해도 해도 모자란다는 생각을 한다.

자주 하는 가운데 나의 듣는 능력이 약해지면 어떡하나 하는 걱정이 그것이다.

내부고객을 만족시키려면 부서의 비전이 제도화되는 것도 무척 중요한 요소이다. 잘하면 그에 대해 보상하고 못하면 그것을 냉정하게 평가하는 제도도 필요하고, 이런 과정에서 행여 제도에 문제가 있다면 신속하게 개선해야 할 것이다.

주주라는 또 하나의 고객에 대해서는 정직함 외에도 두려움의 감정이 필요하다. 머지않아 우리 회사도 기업을 공개할 예정인데, 나는 이 사실을 '겁나는 현실'로 받아들인다. 주주에 대한 두려움을 없애기 위해서는 내 책임의 한도가 무한대로 커질 것이기 때문이다. 나뿐만 아니라 우리 회사 직원들도 코스닥 등록을 계기로 각별히 정직함을 인식해야 한다고 생각한다.

한 가지 약속할 수 있는 것은 고객 주주에게도 진실만을 알리겠다는 것, 절대 부풀리지 않겠다는 것이다. 참고로 우리는 독특한 회계제도를 운영하고 있다. 실매출과 회계상의 매출이 다른 제도가 그것이다.

백신을 판매할 때 우리는 1년 단위로 계약을 하고 있다. 만약에 12월에 계약하면 그 달에 현금이 들어온다. 그것을 당해 매출로 잡으면 그 해의 순이익도 많이 잡힐 것이다. 그러나 그 다음 해에는 그 거래에 대해 경비만 나가는 상황이 된다. 결국 우리가 파는 제품의 특성상 일반적인 회계 기준을 적용하는 것은 문제가 있는 것이다.

그래서 우리는 이에 대해 금융감독원에 질의서를 보냈다. 즉 실매출이 일어나는 시점의 매출로 1／2만 계상하고 나머지 1／2은 계약기간 끝까지 매달 나눠서 매출을 잡는 방법이 가능한지를 문의한 것이다. 법적으로 문제되지 않는다는 응답을 받은 후에 우리는 1999년부터 이 방식대로 매출을 발표했다. 그래서 우리 회사의 경우 매출액과 영업이익이, 실제와 회계상의 액수로 따로 계산되고 있다.

일반적으로 기업에서 외부에 발표하는 매출은 회계상 매출인데, 우리 회사의 경우 2000년 회계상 매출은 약 130억 원이고 실매출은 155억 원이다. 또 영업이익의 경우는 회계상으로 약 46억 원이지만, 회계제도를 이렇게 운용하지 않았다면 순이익은 훨씬 더 늘어났을 것이다. 외부에 발표하는 매출과 영업이익은 줄어든 것처럼 보이지만, 결과적으로 이것이 우리 회사 특성상 장기적인 자금흐름에 맞는 매출 계산이라고 생각한다. 단, 타 보안회사와 매출규모를 비교할 때는 실매출로 비교하는 것이 정확한 방법이다.

이외에도 어떤 사항이든지 안 될 것 같으면 미리 말하는 풍토를 이어가려고 한다. 미리 부탁하고 싶은 것은, 주식시장이 전체적으로 침체되거나 단기적으로 주가가 등락하는 것은 CEO로서도 어쩔 도리가 없기 때문에, 장기적인 성장가능성에 우리의 주주가 되어주었으면 하는 것이다.

느려도 건강한 조직

우리 회사는 보수적이라는 지적을 간혹 듣는다. 내 얼굴에서 숨가쁘게 촌각을 다투는 벤처기업인의 이미지를 느낄 수가 없다고도 한다.

사실 어떤 면에서 요즘 세상에 정직과 성실을 내세우다가는 융통성이 없다거나 앞뒤가 꽉꽉 막혔다는 비난 아닌 비난을 받기 십상이다. 하지만 나는 항간의 이런 평가에 개의치 않는다.

나는 내 스스로를 느린 사람이 아니라고 생각한다. 다만 모든 것을 먼저 이론적으로 습득하고 실천하는 것이 장기적으로 더 큰 성공의 길이라고 믿는 사람일 뿐이다.

우리 회사의 경우도 외양만 본다면 벤처기업치고는 매우 느려보이는 조직이다. 회의의 경우를 예로 들면 1998년까지는 회의를 자주 하지 않았는데, 1999년 회사 시스템을 셋업하면서 회의가 정례화되고 또 그 시간이 길어졌다. 더구나 2001년

> 우리 회사는 보수적이라는 지적을 간혹 듣는다. 내 얼굴에서 숨가쁘게 촌각을 다투는 벤처기업인의 이미지를 느낄 수가 없다고도 한다.

회사조직이 복잡해지면서 한두 달간 회의가 집중적으로 많아지는 바람에 일부 사원은 불만을 토로하기도 했다.

물론 그 사원의 지적도 일리가 있고 고칠 부분이 있다면 개선해야 할 것이다. 수직지향·공론(空論) 등을 경계하고 같이 고민하는 문화로서의 회의를 정착시키고, 시간을 줄이면서 논의의 밀도를 높여 해결책을 찾는 것은 앞으로 우리가 실현해야 할 이상적인 모습이다.

그러나 나는 영리하고 빠른 조직과 느리더라도 건강한 조직 중 하나를 택하라면 느리더라도 건강한 조직을 택할 것이다.

이것은 느림 자체를 예찬하려는 것이 아니다. 느려야 할 것과 빨라야 할 것을 구별하는 것도 중요하며 경우에 따라 정말 빠를 필요가 있는 것은 빨라야 한다. 우리 회사의 경우도 업무의 성격에 따라 일부 조직은 굉장히 빠른 문화를 지향한다. 바이러스 응급대응팀, 영업 및 해외사업 쪽이 그러하다.

속도가 강조되는 세상이지만 경계할 것이 있다. 속도의 중심축에는 늘 기본을 중시하는 태도가 자리해야 한다. 물론 안정된 기반을 유지하면서 빠르게 대응하는 조직은 가장 이상적이다. 우리의 경우 양쪽을 다 겸비하고 있다고 단언하기 힘들지만, 현재 그런 조직으로 변해가는 과정이라고 본다.

빠름의 강박증을 초월하려면 남과 비교하기 전에 엄정한 자기기준부터 세우라고 당부하고 싶다. 남과 비교하기 전에 자기가 최초에 세운 기준에만 충실할 수 있어도 그 회사와 개인은 상당한 속도를 낼 수 있기 때문이다.

> 빠름의 강박증을 초월하려면 남과 비교하기 전에 엄정한 자기기준부터 세우라고 당부하고 싶다. 남과 비교하기 전에 자기가 최초에 세운 기준에만 충실할 수 있어도 그 회사와 개인은 상당한 속도를 낼 수 있기 때문이다.

인간우위의 요소들

돈이든 기술이든 그것은 사람 위에 존재해서는 안 된다. 그래서 인간우위냐 전략우위냐는 질문을 받을 때 나는 당연히 인간우위를 주장한다.

기업이 존재하는 것에는 돈 버는 것 이상의 숭고한 의미가 있다. 고용창출 외에도 개개인의 자아만족과 사회공헌도 중요하다. 그런 것들이 모여서 결국은 잘 사는 세상을 만드는 힘이 된다.

물론 인간우위의 회사가 반드시 정답이라고는 생각하지 않는다. 그리고 우리 회사가 인간우위의 회사인지에 대해서도 자신하지 않는다. 만약 우리 회사가 그 쪽에 가까운 회사라면, 다음과 같은 몇 가지 요소들 때문일 것이다.

먼저 서로를 신뢰하는 문화이다. 강제와 통제만이 능률을 올리는 첩경이 아님은 이미 오래 전에 밝혀졌다. 그건 우리 회사도 마찬가지다. 예를 들어 부설연구소의 경우 출퇴근 시간이 따로 없고 어느 때고 일주일에 44시간 이상 일하면 된다. 이것은 원칙과는 별개 문제이다.

물론 나는 무척 꼼꼼한 사람이다. 항상 문제를 대할 때마다 개론에서 출발해 각론을 섭렵한 후 핵심에 다가서는 스타일이다. 그러나 일단 믿고 뽑은 직원들에게 일을 맡길 때는 나의 방식을 고집해서는 안 된다고 생각하고 있다. 전체적인 방향은 위에서 결정해 주지만, 실무에서의 방법은 담당자의 몫인 것이다.

사실 상호신뢰에 근거한 방임은 자극 요소가 된다. 이것은 핵심가치가 그 바탕에 있기 때문에 가능한 것이라고 보는데, 혹자는 이런 태도를 취하면 직원들이 무사안일, 도덕적 해이를 보일 것이라고 걱정할지도 모르겠다. 그런데 실제로 그것을 역이용하는 사람은 그렇게 많지 않아 보인다.

둘째는 결과보다 과정을 중시하는 문화이다. 나도 결과만으로 책임을 묻는 경우는 없는데, 과정에 충실한다면 결과가 설령 소기의 목적을 달성하지 못하더라도 남는 것이 있다고 생각하기 때문이다.

셋째는 서로의 발전을 생각하는 문화이다. 서로 존중하면서 발전하자는 마음가짐은 우리에게 매우 중요한 핵심가치이다.

> 물론 나는 무척 꼼꼼한 사람이다. 항상 문제를 대할 때마다 개론에서 출발해 각론을 섭렵한 후 핵심에 다가서는 스타일이다. 그러나 일단 믿고 뽑은 직원들에게 일을 맡길 때는 나의 방식을 고집해서는 안 된다고 생각하고 있다. 전체적인 방향은 위에서 결정해 주지만, 실무에서의 방법은 담당자의 몫인 것이다.

우리는 서로가 직급에 관계없이 늘 존중되어야 하는 소중한 존재들이라고 생각한다.

넷째는 동료의식이다. 나는 직원들을 아랫사람이라고 생각해 본 적이 없으며 회사 사람들도 아직은 나를 권위로 막힌 울타리 너머에서 바라보지 않는다. 이것이 가능했던 것은 팽팽한 수직적인 관계에서 가능해지는 일시적인 효율보다, 넉넉한 수평적 관계에서 자연스럽게 배어나는 가능성에 더 큰 가치를 두었기 때문이다. 그 결과 우리 회사에서는 누군가가 권위에 의지해서 아랫사람에게 맹목적인 충성을 요구하거나 지시를 내린다면 그의 존재가 두드러져 스스로 소외감을 느낄 정도가 되었다.

물론 수평 지향이라 하더라도 권위주의, 부서 이기주의는 늘 잠재할 것이다. 이런 문제는 핵심가치를 더욱 내재화하고 한편으론 제도로 보완하는 가운데 조금씩 개선할 수 있으리라 생각한다.

진정한 인재

　사람을 뽑을 때 나는 정신적인 성취감을 물질적인 성취감보다 조금이라도 더 중요하게 여기는 사람을 선호한다.
　이러한 차이는 매우 섬세한 문제이며, 대부분의 사람은 종이 한 장의 차이라 할지라도 물질적인 성취감이 위인 경우가 더 많다. 그러나 나는 개인적으로 비록 종이 한 장 차이라 할지라도 정신적인 성취감을 더 중시하는 사람을 선호한다. 그것이 전제되면 물질적인 성취감과의 조화도 자연스럽게 이룰 수 있다고 보기 때문이다.
　물론 회사마다 인재상은 다르고, 절대적으로 올바른 기준은 없다. 우리 회사의 경우는 인재를 '끊임없이 발전하려고 노력하는 사람'이라고 정의한다. 아울러 그런 가운데 동료의 발전과 회사의 발전을 두루 생각하는 사람이 우리 회사가 요구하는 진짜 인재이다.

> 건강한 생각을 가져야 한다는 것도 인재의 조건이다. 우리 회사는 면접에서 가치관 외에 말을 얼마나 조리있게 잘 하느냐보다 그 사람의 말하는 태도나 인상을 더 중요하게 본다. 즉 어느 정도 진정성이 있는가를 보는 것이다.

또 건강한 생각도 인재의 조건이다. 우리같이 바이러스 백신이나 보안을 다루는 회사 직원은 일종의 사명감이 있어야 하기 때문에 일을 대하는 직원들의 가치관이 대단히 중요하다. 환자가 많으면 좋겠다고 생각하는 의사는 도덕적으로 문제가 있듯이 바이러스가 많았으면 좋겠다고 생각해서는 절대 안 되는 것이다.

업무능력은 다음 문제다. 그래서 당장 자리가 비어 있다고 능력있는 사람을 앉히는 것은 매우 경계하는데, 그가 동일한 철학을 가지고 있지 않으면 장기적으로는 회사에 큰 손실을 입힐 수 있다고 생각하기 때문이다. 사실 능력만으로 회사의 가치관과 생각이 크게 다른 사람을 뽑는다면 그것은 그 사람에게도 불행한 일이다. 그는 오랜 적응기간을 거치는 가운데 내적 갈등과 시행착오를 겪을 것이기 때문이다.

그래서 우리 회사는 면접에서 가치관 외에도 말을 얼마나 조리있게 잘 하느냐보다는 그 사람의 말하는 태도나 인상을 더 중요하게 본다. 즉 어느 정도 진정성이 있는가를 보는 것이다.

그런데 말은 쉽지만 이것은 굉장히 힘든 작업이다. 면접관도 인간인 이상 면접을 통해 가치관과 인성을 검증하더라도 늘 판단착오의 가능성을 안고 있기 때문이다. 가령 나는 반대하고 부서장은 찬성해서 채용한 사람이 있었는데 결국 회사에 적응하지 못해 나간 경우가 있었다. 또 나는 자신없이 뽑았는데 의외로 입사 후 탁월한 능력을 발휘하는 사람도 있었다.

면접을 볼 때 '속이 안 보이는 사람'도 있어 당혹감을 느끼기도 한다. 이런 경향은 경력사원일수록 더한데, 한번은 정말 도무지 짐작이 안 가는 사람이 있었다. 채용 후 알고 보니 협상 경험이 많은 사람이었다.

사람을 제대로 뽑는 일이 이처럼 힘들다보니 나는《면접의 달인》과 같은 면접 관련 책을 사서 읽었고 지금도 사무실에 보관하고 있다. 우리 회사같이 작은 조직일수록 사람을 제대로 뽑는 것이 매우 중요한 일인 만큼, 말만 번지르하게 하는 것과 아닌 것을 구별해야 하고, 면접에 임하는 사람이 이런 책을 보고 왔다는 가정 하에서 면접을 봐야 할 것 같아서였다.

가치관의 검증은 면접만으로는 충분하지 않은 것 같다. 그래서 우리 회사의 경우는 경력으로 들어온 사람이라 할지라도 수습제도를 두고 있다. 우리같이 작은 회사에 수습사원을 위한 별다른 프로그램은 없다. 곧장 현업에 투입하고 일을 같이 하는 과정에서 그가 올바른 생각을 가지고 있는지를 판단한다. 현재 수습제도는 매우 엄격하게 시행하고 있으며 수습을 통해 그 사람의 인성을 검증하고 있다.

> 현재 수습제도는 매우 엄격하게 시행하고 있는데 대신 수습을 통해 그 사람의 인성이 검증되면 그 사람을 철저하게 보호하는 인사정책을 쓰고 있다.

긴 호흡의 장점

당장의 매출 증진보다 장기적인 이익에 주목하는 태도가 바람직함에도, 처음부터 우리 회사가 그랬던 것은 아니다. 연구소를 세울 자금을 마련하기 위해 다른 회사에 판권을 주면서 시작했으니 말이다. 그런 몇 번의 시행착오를 거치면서 되도록이면 장기적인 관점에서 판단하려고 노력해왔다.

짧은 경험에 비춰볼 때도 사업은 긴 승부라고 생각하며, 되도록 길게 바라볼 때 성공 확률이 더 높아진다고 본다. 이것은 기업활동에만 국한되는 것이 아니다. 본질적으로 성공은 금방 보답받는 것이 아닌 것이다.

늘 그러했던 것은 아니지만, 우리의 능력 안에서 길게 보려고 노력했던 것은 결과적으로 회사의 성장에 여러 가지로 도움이 되었다. 합작 설립한 리눅스 애플리케이션 회사인 앨릭스의 자진 해체도 당시 상황에서 단기적으로만 보았다면 그 회사를 폐기했을 때의 손실만을 생각하고 그대로 두었을 것이다. 그러나 지향하는 가치관에 부합하지 않는 파트너십은 장기적으로 우리 회사에 더 큰 피해를 줄 수 있다고 생각했기 때문에 주저하지 않고 그 회사를 해체했다. 대신에 신뢰할 수 있는 파트너들끼리 아델리눅스란 회사를 다시 설립했고 지금도 잘 운영되고 있다.

코스닥 등록 문제도 마찬가지다. 많은 분들이 우리보다 늦게 출발한 벤처기업도 상장하는데 왜 우리 회사는 상장하지 않는가 하고 궁금하게 생각했다. 그러나 나는 등록 시기는 회사 발전계획에 맞춰야 한다고 생각했고 그래서 비슷한 규모의 회사들이 등록 붐을 이룰 때에도 움직이지 않았다.

등록에 대해 이렇게 길게 생각한 것은 예상치도 못한 면에서 우리에게 큰 도움을 주었다. 2000년에 벤처기업 열풍과 냉각이 롤러코스트를 탈 때 우리 회사는 상대적으로 외부환경 변화에 흔들림 없이 우리들의 일에 역량을 집중할 수 있었다. 짐작컨대 만약 우리가 상장을 해서 그 흐름으로부터 자유롭지 못한 상황이었다면, 우리 회사 사람들도 그 충격에서 벗어나기 힘들었을 것이다.

회사가 어느 정도 성장하면서 좀더 견고하게 장기적 시각을 다지자 그에 따라 나는 위기관리의 중요성을 더욱 강하게 인식하고 무슨 일이든지 기반을 갖춘 후에 점프하는 태도를 견지하게 되었다. 이러한 태도는 고객의 신뢰라는 결과로 돌아왔다.

> 위기관리는 경영의 가장 기본적인 한 축으로, 모든 의사결정 과정에서 늘 리스크를 염두에 두어야 하는 것은 상식이다. 그러나 그동안 벤처기업 문화에서는 잘 지켜지지 않은 상식이기도 했다.

위기관리는 경영의 기본 축 가운데 하나로 모든 의사결정 과정에서 리스크를 항상 염두에 두어야 하는 것은 상식이다. 그러나 그동안 벤처기업 문화에서는 잘 지켜지지 않은 상식이기도 했다.

다행히 우리 회사의 경우는 길게 바라본다는 마인드가 있었기 때문에 마케팅 세일즈는 공격적으로 하되 재무나 인력관리는 최악의 상황을 가정하고 추진하는 것이 일상화될 수 있었다. 그래서 '안철수연구소는 벤처기업이 아니다'란 평가를 받기도 하지만, 우리는 그러한 오해에는 전혀 연연해하지 않는다. 우리가 국가경제 위기 시절을 잘 버틴 가장 중요한 힘도 이 원칙에서 나온 것이었다.

2001년에 들어서면서 우리 회사는 외부적으로 보기엔 공격적인 경영을 하는 것으로 비쳐지는데, 그런 외형적 변화가 다소 있긴 하다. 이러한 부분적인 변화에도 리스크를 대하는 태도에는 변함이 없다. 즉 재무분야는 지금도 늘 최악의 상황을 염두에 두고 계획을 세우고 있다.

기반을 갖춘 후 점프하는 것도 마찬가지다. 우리 회사가 안티바이러스 전문업체에서 통합보안기업으로 변신한다고 발표하기까지 2년간의 준비과정이 있었다. 겉으로는 차분해 보였지만 수중의 오리발처럼 장시간에 걸쳐 치열하게 준비를 해온 것이다.

말부터 그럴 듯하게 먼저 하는 것, 말만으로 떠드는 것이 매우 위험하다는 것은 자명한 이치이다. 그래서 제품도 구체적인 성과물이 나오기 전까지는 절대 그 사실을 외부에 흘리지 않았다. 이제 우리 계획이 외부에 알려지는 것은 이미 철저한 준비가 이루어진 상태임을 의미하는 것으로 벤처업계에서는 인식하게 되었다.

길게 생각하는 것은 경영뿐만 아니라 한 개인의 삶에도 미덕이다. 가치의 문제에서도 장기적인 가치는 단기적인 가치보다 우월하다고 확신하며, 그래서 장기적인 가치를 지키기 위해서 단기적인 손해는 기꺼이 감수할 수 있다고 생각한다. 그리고 돈과 명예에 대한 단기적인 욕망에서 자유로울 수만 있다면 누구나 긴 호흡으로 살아갈 수 있다고 생각한다.

> 말부터 그럴 듯하게 먼저 하는 것, 말만으로 떠드는 것이 매우 위험하다는 것은 자명한 이치이다.

5부

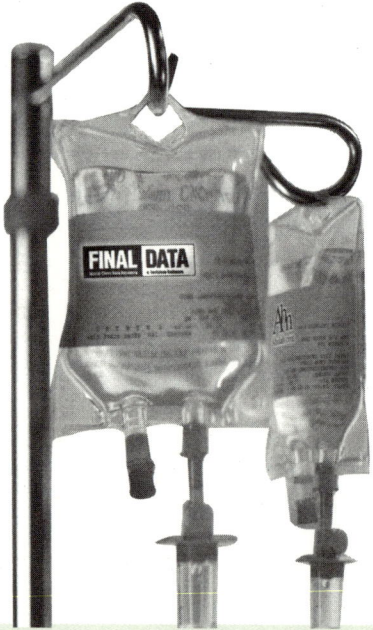

신뢰 받는 동료로서의 CEO

리더십과 관련해 아무리 회사가 변화하더라도 바뀌지 않아야 한다고 생각하는 기준은 있다. 그것은 내가 어떤 리더로서 인식되어야 할 것인가에 대한 문제인데, 나는 사원들이 동료의식을 느끼는 CEO가 되고 싶다.

리더는 타고나는 것이 아니다

　많은 벤처기업가가 그러하겠지만 나도 리더십에 대해서는 아무 것도 모른 채, 또 전혀 의식도 하지 않고 회사를 세웠다. 회사 규모가 워낙 작았을 뿐 아니라, 내가 직접 회사를 세우고 기술을 개발하고 자본을 끌어왔기 때문에 상대적으로 강력한 리더십이 필요하지 않은 상황이기도 했다. 그런 면에서 나는 그렇지 않은 기업가들에 비해 운이 좋은 편이다.
　나도 리더십을 가질 수 있겠구나 하는 걸 처음 인식한 것은 펜실베이니아 대학에서 리더십 과정을 수강할 때였다. 당시까지 나는 리더십에 관해서는 특별히 교육 받은 일이 없었다. 처음 수강한 그 강의에서 가장 기억에 남는 것은, 사람은 성격에 따라 16개 타입으로 나누어지는데, 외향적이고 카리스마가 강한 사람만이 리더십을 가질 수 있는 것이 아니라는 점이었다. 즉 16가지 성격 모두가 저마다 리더십을 발휘할 수 있으며, 단지 자기 성격에 맞춰 알맞은 방법을 찾는 것이 문제라는 것이었다. 또 우리는 흔히 외향적인 성격을 가진 사람이 리더십을 발휘하는 데 유리하다고 생각하지만 장기적으로 보면 성격적인 부분에서 발휘되는 리더십은 비중이 작으며, 가장 중요한 것은 인간적인 면과 그 사람의 능력이라는 내용도 들었다.

그런데 공부를 마치고 한국으로 돌아와 회사를 경영하면서도 한 번도 내가 리더십이 있는 사람이라는 확신은 들지 않았다. 또 회사 규모가 크지 않았기 때문에 경영의 다른 요소들에 비해 그렇게 큰 필요성도 느끼지 못했다.

그러다가 2000년 가을, 미국 스탠포드 대학에 가서 최고경영자 교육과정을 들을 때에는 회사규모에 맞는 리더십이 필요하다는 생각을 절실히 하게 되었다. 회사의 발전에 따라 경영자는 어떻게 변신해야 하는가. 이에 대해 강사는 리더의 변화과정을 다음과 같이 설명하였다.

1단계는 어떤 분야에 어떤 아이템으로 진출하겠다는 것을 정하면서 사람을 모아 일을 시작하게 되는 시기로, 이때 CEO는 중재자(mediator)의 역할을 해야 한다. 나의 경우 연구기능만 가진 반쪽자리 회사를 세웠던 1995~1996년이 여기에 해당한다.

2단계는 회사가 어느 정도 성장해서 직원이 30~50명 정도일 때다. 이때 CEO는 실무형 리더(operational leader)가 되어야

> 3단계가 되면 CEO는 전략적인 리더(strategic leader)가 되어야 한다.

한다. 세세한 부분까지 의사결정을 해야 하고 실무자들과 각 분야에서 새로운 일을 구체화해야 하는 시기이다.

여기서 더 발전한 3단계가 되면 CEO는 전략적인 리더(strategic leader)가 되어야 한다. 직원이 100명 이상이 될 때인데, 이때는 모든 결정을 혼자서 할 수 없으며 사소한 문제에 깊이 관여할 수도 없다. 그래서 많은 권한을 위임해서 의견을 조율하는 역할에 중점을 둬야 하고, 대신 회사의 전체적인 전략을 세우는 데 더 몰두해야 한다. 회사의 방향을 잡고 구체화한다는 점에서 전략적 리더는 시스템 디자이너라고도 할 수 있다.

이론대로라면 나는 전략적 리더가 되어 있어야 하는데 그렇지 못하고 실무형 리더에 머물고 있다는 판단을 했다. 또 적절한 역할분담도 잘 해내고 있지 못하다고 생각했다.

그나마 다행인 것은 나에게도 리더십이 약간은 있구나 하는 것을 인식하게 되었다는 점이다.

그 무렵 회사 사람들이 나를 믿고 따라오는 게 눈에 자연스럽게 보였다. 나는 원래 선두에 나서는 걸 싫어하고 같이 가는 스타일이다. 그런데 의도하지도 않았는데 내가 앞에 서있는 것이 자연스러워진 것이다.

예를 들어 내가 어떤 구체적인 비전을 제시하면 예전에는 직원들을 한참 동안 설득해야 하는 상황이 벌어지곤 했다. PC보안제품 앤디 개발 때처럼 큰 반대에 부딪치기도 했다. 그런데 시간이 갈수록 내가 확신을 가지고 무언가를 제시하면 믿고 따라오는 분위기가 형성되었다. 그렇다고 우리 회사 직원들이 매너리즘에 빠진 것 같지는 않았다. 이렇게 된 데에는 생각을 많이 한 후에 결정을 내려 실수가 상대적으로 적다는 점이 크게 작용한 듯하다.

지금도 나에게 훌륭한 리더십이 있다고는 생각하지 않는다. 특히 추진력에 있어서는 부족한 점이 많다고 생각한다.

그렇지만 리더십과 관련해 아무리 회사가 변화하더라도 바뀌지 않아야 한다고 생각하는 기준은 있다. 그것은 내가 어떤 리더로서 인식되어야 할 것인가에 대한 문제인데, 나는 사원들이 동료의식을 느끼는 CEO가 되고 싶다.

신뢰의 구성요소들

　리더십에서는 원칙을 매우 중요시한다. 작은 벤처기업이라도 사장은 자기 나름의 분명한 삶의 원칙, 일의 원칙이 있어야 하고 그것이 무엇인지에 대해 조직원들이 대략은 인식하고 있는 것이 좋다. 이렇게 되면 일단 업무 효율이 높아지고 커뮤니케이션이 원활해진다. 회사가 작은 규모일 경우에는 원칙 자체가 업무의 지침으로 곧장 연결되기 때문에 각 담당자들의 갈등요소가 적고, 당연히 불필요한 낭비를 막을 수 있다.
　이 점에서 우리 회사는 대체로 성공적이었다. 내가 가지고 있는 원칙인 정직·성실에 대해 대부분의 직원들이 어느 정도 인식하고 있었기 때문이다.
　그러나 조직에서는 CEO의 개인적인 삶의 원칙만으로 모든 것이 완성되지는 않는다. 물론 원칙은 가장 강력한 리더십 도구이지만, CEO의 개인적인 원칙과는 별도로, 그 조직에서 리더가 일관된 형태로 지켜야 하는 행동수칙이 필요하다.

그리고 그것이 어떠한 것이든 지향점은 사람과 사람 사이의 신뢰를 근간으로 한 것이어야 한다. 리더십 자체는 크게 보면 결국 사람과 사람의 관계 문제이다. 인간관계에서 신뢰가 가장 중요하듯 리더십에서도 신뢰의 형성이 가장 중요한 것이다.

6년여의 경험을 통해 내가 느낀 것은 리더십이 중요하긴 하지만 아주 어려운 것은 아니라는 점이다. 이렇게 단정하는 이유는 신뢰만 형성되면 리더십의 절반은 채워진다고 보기 때문이다.

그럼 신뢰를 이루는 구성요소는 무엇일까?

첫째 요소는 직원들을 이용하지 않는 마음이 직원들에게 전해지는 것이다. "우리는 공동발전을 위해 함께 노력하고 있으며, 또 나는 CEO의 자리에서 당신에게 진정으로 도움이 되는 사람이 되기 위해 노력하고 있다"는 마음을 심어주는 일이다.

둘째는 직원들과 한 약속을 지키는 것이다. 결과로서 약속을 지켜내는 것도 중요하며, 또 약속을 지키기 위해 항상 실천하는 모습을 보여주는 것도 중요하다.

어떤 CEO는 초창기에 한 많은 약속을 회사가 성장하는 과정에서 지키지 않고, "좀더 잘 되면 어떻게 해주겠다"는 식으로 미루다가 신뢰를 잃기도 한다. 이럴 바에는 애당초 약속을 하지 않는 것이 낫다.

> 그것이 어떠한 것이든 지향점은 사람과 사람 사이의 신뢰 문제여야 한다. 리더십 자체는 크게 보면 결국 사람과 사람의 관계 문제이다. 인간관계에서 신뢰가 가장 중요하듯 리더십에서도 신뢰의 형성이 가장 중요한 것이다.

셋째는 리더가 스스로 능력을 갖추고 그렇게 되도록 노력하는 것이다. 아무리 직원들을 섬기고 약속을 잘 지킨다 하더라도 리더의 능력이 부족하다는 판단이 서면 사람들은 그 리더에게 불안감을 가질 것이고 그가 추구하는 방향에 대해 의문을 제기할 것이다. 이렇게 되면 리더가 아무리 좋은 사람일지라도 완전한 신뢰는 형성될 수 없다.

넷째는 솔선수범이다. 많은 이들이 한국의 리더십 문화에서 가장 취약한 부분이 이것이라고 지적하는데, 나도 여기에 동의한다. 주변의 벤처기업들을 보면 잘못된 마인드를 가진 사람 밑에는 그 비슷한 사람들이 몰리고, 올곧은 정신을 가진 사람 밑에는 또 그 비슷한 사람들이 몰리는 것을 발견할 수 있다. 이것은 조직의 또 다른 특성으로, 만약 CEO가 좋은 쪽으로 솔선수범할 경우는 그 회사가 크게 성장할 수 있지만, 반대일 경우에는 영속하기 어려울 것이다.

다섯째는 신뢰를 받기에 앞서 신뢰를 하는 태도이다. 아랫사람을 믿고 합리적으로 권한을 위임하는 등의 태도가 그것이다.

이러한 요소들 외에 신뢰의 형성에는 또 하나의 변수가 있는데 그것은 '시간'이다.

동료 벤처기업가들 중에는 나를 부러워하는 이들도 있다. 우리 사원들과 나의 인간적인 신뢰관계를 교주와 신도에 비유하는 분도 있다.

그러나 이는 우리 회사의 내적인 진통을 간과한 판단이다. 비슷한 가치관에서 출발했어도 최초에 우리 회사 사람들과 나는 어쨌든 사회적인 목적에서 출발한 관계였다. 그런데 서로 생각을 나누고 비전을 공유하는 가운데 조금씩 신뢰가 쌓여 현재에 이른 것이다. 이 과정에서 심각한 의견의 불일치도 있었다. 그렇지만 일의 결과가 내가 주도한 대로 나타나면서 신뢰가 조금씩 쌓일 수 있었다. 물론 앞으로 갈 길이 더 멀다고 생각한다.

모든 것이 하루아침에 이루어지지는 않는다. 동료의식이 느껴지는 CEO의 존재도 신뢰의 요소들이 시간의 흐름에 따라 성숙되면 자연스럽게 형성될 수 있다.

약속 지키기

어떤 사람과 얘기를 나누다가 약속을 지키는 문제가 화제가 된 적이 있다. 그때 나는 한번 한 약속은 반드시 지킨다고 말했다. 그러자 그 사람이 이렇게 되물었다.

"말도 안 돼요. 소소한 것은 회사 사정 때문에 몇 번 어겼을 것 아니예요?"

나는 주저함 없이 이렇게 답했다.

"그런 적 없는데요."

나의 이 말은 진실이었는데, 상대방은 여전히 믿기지 않는다는 표정을 지었다.

이런 경우, 항상 되돌아오는 질문이 있다. 그것이 어떻게 가능하냐는 것이다. 나의 대답은 싱거울 정도로 간단하다.

"지키지 못할 약속은 처음부터 안 하니까요."

이는 회사를 세우기 전부터 지녀온 매우 중요한 생활의 원칙

> "말도 안 돼요. 소소한 것은 회사 사정 때문에 몇 번 어겼을 것 아니예요?"
> "그런 적 없는데요. 지키지 못할 약속은 처음부터 안 하니까요."

이다. 누구에게 비밀스런 얘기를 들을 때도 마찬가지다. 가령 어떤 사람이 '이건 절대 다른 사람에겐 하지 말아야 할 얘긴데'라고 하면서 이야기를 하면 나는 누구에게도 그 얘기를 하지 않는다. 유독 입이 무거워서가 아니라, 내가 생각하는 기준에서는 지극히 당연한 일이라고 보기 때문이다.

1999년 초, 나는 사원들에게 연말 성과급을 약속했다. 당시 연초 목표는 전년 대비 매출을 두 배로 늘리는 것이었는데, 연말에 와서 보니 매출액이 다섯 배나 성장했다. 그렇게 된 것은 우리가 남달리 잘해서가 아니라 CIH 바이러스 대란, 불법소프트웨어 단속 강화 등으로 인해 시장이 폭발적으로 성장했기 때문이었다.

당시 상황에선 회사가 재도약하는 자금 비축을 위해서라도 연초 약속을 부분 수정해서 직원들에게 인센티브를 합리적으로 바꾸자고 하는 것이 이성적으로도 무리한 요구는 아니었다. 그렇지만 아무리 시장상황이 원인이 되었다고 해도 연초에 약속한 것을 어기면 안 된다고 생각했고, 그 해 전 사원들은 월 급여의 400%를 추가로 받았다.

이러한 경우 외에 본인의 순수한 판단 착오인 경우에도 CEO는 약속을 지키기 위해 노력해야 한다. 그렇기 때문에 나는 함부로 약속을 하지 못한다. 가령 어떤 사람에게 이렇게 해줄 수 있겠다는 확신이 들더라도 그 확률이 90% 정도면 약속을 하지 않는 주의이다. 99% 정도 확신이 들어야 약속을 하는

> 나는 함부로 약속을 하지 못한다. 가령 어떤 사람에게 이렇게 해줄 수 있겠다는 확신이 들더라도 그 확률이 90% 정도면 약속을 하지 않는 주의이다. 99% 확신이 들어야 약속을 하는 것이다.

것이다.

  사장은 고독한 존재라고 하는데 나는 회사를 세운 후 특별히 고독감을 느껴본 적이 없다. 직원들과 동료의식을 느끼기 때문인데, 이렇게 된 데에는 그들과 했던 약속을 지킨 것이 큰 힘이 되었다.

한계의 인정

자신이 잘하지 못하는 것을 과감히 그리고 정확하게 인정하는 태도는 무척 중요하며, 이것은 CEO의 중요한 재능 중 하나이다.

언뜻 생각하기에 자신이 못하는 부분이 무엇인지를 안다는 것은 아주 쉬워 보인다. 그러나 이는 생각보다 쉽지 않다. 자신이 잘하지 못하는 부분을 제대로 알기 위해서는 먼저 그 일에 대해 전반적으로 알고 있어야 하기 때문이다.

경험을 예로 들자면, 처음 회사를 만들었을 때는 경영은 누구나 할 수 있는 것이라는 생각을 가지고 있었다. 조직관리나 재무관리 등도 그렇게 어려워 보이지 않았다. 그러나 경영학을 배우고 온 다음에는 자신감이 생기기보다 오히려 혼란에 빠지게 되었다. 실제로 경영의 여러 부분에 대해서 알게 되니까 그동안 몰랐던 중요한 부분들이 엄청나게 많다는 것을 깨닫게 된 것이었다.

　결국 내가 경영학을 배우면서 얻은 가장 큰 소득은, 모르고 놓아두었던 많은 부분들을 인식함으로써 스스로 해결하거나 또는 적임자를 찾아서라도 해결해야 한다는 생각을 가지게 된 것이라고 볼 수 있다.

　익히 알려진 사실이지만 마이크로소프트의 가장 큰 성공도 결국은 빌 게이츠의 자기 한계 인정하기에서 비롯되었다고 할 수 있다. 개인적으로 마이크로소프트의 성장과정을 분석해 놓은 〈빌 게이츠와 마이크로소프트 경영(Bill Gates and the Management of Microsoft)〉이라는 글을 인상깊게 읽었는데, 이를 보면 빌 게이츠의 사업가로서의 자질을 좀더 자세하게 알 수 있다.

　이 글에 따르면 빌 게이츠는 탁월한 사업가이기는 하지만, 그렇다고 모든 사업 영역을 완벽하게 꿰뚫고 있는 사람은 아니다. 오히려 그는 자신이 잘하지 못하는 부분이 무엇인지를 객관적이고 정확하게 인식해서 자기 대신에 그 일을 잘할 수 있는 적절한 사람을 뽑는 데 탁월한 능력을 발휘했다.

　즉 빌 게이츠의 최대 장점은 모든 일을 처음부터 잘 처리하는 데 있는 것이 아니라, 문제가 생겼을 때 어디에 문제점이 있는지를 정확하게 파악해서 이를 적절하게 바로잡는 능력에 있는 것이다.

　1975년에 설립된 마이크로소프트는 1980년에 이르러서도

800만 불(약 100억 원)의 매출과 38명의 종업원을 거느릴 정도의 규모에 불과했다. 이 당시까지만 해도 빌 게이츠는 경영과 프로그래밍을 함께 하고 있었다. 그러나 그는 관리 및 마케팅 방면에 도움이 필요하다는 사실을 깨달았고, 하버드 대학 재학시절 친구였던 스티브 발머를 영입하였다. 물론 스티브는 마이크로소프트가 발전하는 데 지대한 공헌을 하였다.

마이크로소프트는 1982년에 이르러서는 2,400만 불(약 310억 원)의 매출과 220명의 종업원을 거느릴 정도의 규모가 되었다. 이때 빌 게이츠는 나날이 복잡해지고 커져가는 조직관리 및 재무관리 문제를 더 이상 자신의 힘만으로는 처리하기 힘들다는 점을 인식했고, 이를 해결하기 위한 전문가의 필요성을 깨닫게 되었다. 1983년에 빌 게이츠가 COO(Chief Operating Officer, 최고 운영 책임자)로 고용한 존 셜리는 탠디에서 25년 이상을 근무한 베테랑이었다. 그는 자금담당 이사를 영입하고 각 제품별·판매망별로 매출과 비용을 분석해주는 관리회계 시스템을 도입해서 올바른 의사결정을 할 수 있도록 만들었다. 또 이 시스템을 발전시켜서 각 담당자별로 공헌도를 알려줄 수 있을 정도까지 그 기능을 확대하였다.

결국 존 셜리는 마이크로소프트에 적절하고도 효율적인 조직·재무·제조관리 시스템을 도입함으로써, 빌 게이츠가 더 이상 내부관리 문제에 신경을 쓰지 않고 앞으로 발전해 나가는 데만 집중할 수 있도록 해주었는데, 이는 마이크로소프트가 커다란 도약을 하는 데 큰 힘이 되었다.

> "빌 게이츠가 행했던 가장 현명한 일 중의 하나는, 적절한 시기에 필요한 전문가를 영입해서 그들이 소신대로 일을 할 수 있도록 한 것이다."

자금담당 이사였던 프랭크 고넷은 "빌 게이츠가 행했던 가장 현명한 일 중의 하나는, 적절한 시기에 필요한 전문가를 영입해서 그들이 소신대로 일을 할 수 있도록 한 것이다"라고 회상하였다.

CEO가 자기 능력의 한계를 솔직히, 정확하게 인정하는 것, 이것은 이제 하나의 전략 차원을 넘어 생존을 위한 필수조건이 되어가고 있다.

기술자와 경영자

나는 회사를 세우기 전에 다양한 경험을 했다. 의대생, 교수, 프로그래머, 칼럼니스트로 경험을 쌓아오면서 바쁘기도 하고 힘든 적도 많았지만, 그것들은 매우 소중한 경험들이었다.

회사를 세운 후 이런 이력 때문에 "기술 쪽이 좋으세요, 아니면 경영 쪽이 좋으세요?", "기술자와 경영자 중 어느 쪽이 적성에 맞으세요?"와 같은 질문들을 종종 받았다.

회사 초창기에 이런 질문을 받았을 때는 기술 쪽이 경영 쪽보다는 좋고 적성에 맞다고 답했다. 처음 컴퓨터를 배운 이후로 10년 이상을 프로그래머로 활동해왔기 때문에 이런 답변은 당연한 것이었다. 그러나 실제로 경영을 해보고 배워나가다 보니, 기술과 경영이라는 이분법이 모든 경우에 통용되는 것은 아니었다.(물론 이런 생각을 하고도 오랫동안 기술 기반으로 판단하고 대비하는 성향을 완전히 벗어나지는 못했다.)

"기술 쪽이 좋으세요, 아니면 경영 쪽이 좋으세요?", "기술자와 경영자 중 어느 쪽이 적성에 맞으세요?"

흔히 기술과 경영은 과학과 예술 또는 논리와 감성을 대표하는 것으로 이야기된다. 즉 기술은 과학적인 사실에 근거를 두고 논리적으로 문제를 해결해 나가는 분야인 반면, 경영은 전체를 볼 수 있는 넓은 시야를 가지고 상황에 따른 순간적인 판단력 및 실행능력 등의 감각이 요구되는 분야인 것이다. 따라서 과학적인 사고방식을 가지고 있는 사람은 기술자가 적성에 맞고, 감각이 뛰어난 사람은 경영자가 더 적합하다는 일반론이 나올 수 있다.

그러나 조금 더 자세히 살펴보면 이러한 이분법은 맞지 않는 게 많다는 사실을 알 수 있다. 처음 기술을 배울 때는 과학적인 지식 및 논리적인 사고방식이 필수적이다. 사실에 근거하여 규칙을 세우고 이러한 규칙을 논리적으로 조합하여 문제들을 해결해 나가야 한다. 해결해야 할 문제가 간단할 경우에는 정답이 단 하나인 경우가 많다.

그러나 문제가 복잡해지고 난이도가 증가함에 따라 여러 가지 해결 방법이 등장하게 된다. 이러한 상황에서 가장 적합한 방법을 선택하는 것은 기술자의 몫이 된다. 이 정도가 되면 더 이상 과학적으로 접근하기는 힘들며, 기술자의 경험과 감각에 의존하여 최선의 방법을 선택하게 된다.

소프트웨어의 경우를 예로 들면, 간단한 소프트웨어를 만들 때는 거의 대부분의 사람들이 동일한 방법을 생각해 낸다. 그러나 소프트웨어가 복잡해질수록 프로그래머마다 다른 방법을 사용하게 마련이며, 만들어지는 소프트웨어는 프로그래머

> 경영도 마찬가지다. 경영에서도 아주 과학적이고 분석적인 면이 근간이 되어야 한다. 철저하게 사실에 근거한 자료를 바탕으로 과학적인 분석도구를 개발하고, 계속 상황 변화를 파악하면서 적절한 대응책을 세워야 하는 것이다.

의 실력에 따라 엄청난 성능의 차이를 보이게 된다.

전자공학의 경우에도 간단한 회로는 설계자에 따른 성능의 차이가 거의 없지만, 회로가 복잡해질수록 부품 종류의 선택, 보드상의 배치, 연결방법이나 위치에 따라서 성능의 차이가 생기게 된다. 이러한 영역에서는 최고 수준의 기술자가 가지고 있는 예술적 감각에 의한 선택이 성능을 좌우하게 된다. 기술은 과학을 근간으로 하고 있지만 수준이 높아질수록 예술적인 영역에 근접하게 되는 것이다.

경영도 마찬가지다. 경영에서도 아주 과학적이고 분석적인 면이 근간이 되어야 한다. 철저하게 사실에 근거한 자료를 바탕으로 과학적인 분석도구를 개발하고, 계속 상황 변화를 파악하면서 적절한 대응책을 세워야 하는 것이다.

이러한 과학적인 면 없이 경영자의 직관에만 의존하여 결정을 내리는 것은 실패율이 높고, 실패한 다음에도 그 원인을 알 수 없게 된다. 경영도 기술과 마찬가지로 과학을 근간으로 한 분야이며, 과학으로 해결할 수 없는 부분부터는 예술의 영역에 속하게 되는 것이다.

"기술 쪽이 좋으세요, 아니면 경영 쪽이 좋으세요?"라는 질문에 대해 이제는 이렇게 말하곤 한다.

"저는 과학적인 것을 좋아하며, 따라서 기술에서의 과학적인 영역도 좋아하지만 경영에서의 과학적인 영역 역시 좋아합니다. 기술과 경영에서의 예술적인 영역도 좋아하느냐구요? 한번 도전해볼 만한 분야가 아닐까요?"

> "과학적인 것을 좋아하며, 따라서 기술에서의 과학적인 영역도 좋아하지만 경영에서의 과학적인 영역 역시 좋아합니다. 기술과 경영에서의 예술적인 영역도 좋아하느냐구요? 한번 도전해볼 만한 분야가 아닐까요?"

월급 받는 날은 기분이 참 좋다

어떤 사람에게 이런 말을 한 적이 있다.

"나는 그 달에 공휴일이 있으면 기분이 참 좋아요. 그리고 월급날이 되어도 굉장히 기분이 좋습니다."

그러자 이런 대답이 돌아왔다.

"그렇게 생각한다면 당신은 사장 할 자격이 없습니다."

이 지적이 옳을 수도 있다. 그렇지만 내가 CEO로 있는 한 이런 생각에는 변함이 없을 것 같다. 그래서 지금도 달력을 보다가 월급이 나오는 날짜를 보면 기분이 좋고, 일요일은 늘 기다려진다.

나는 철저하게 무노동 무임금 원칙을 스스로에게 강요하는 스타일이다. 그래서 일을 하지 않고 어떤 대가를 받으면 죄책감이 든다. 이것은 타고난 성격이니 어쩔 수가 없다. 나 스스로 자격이 없다고 생각한다면 공휴일을 맞을 때나 월급을 받을 때

한없이 부끄러울 것이다.

그런데 아직까지는 다행히 이러한 자괴감에 빠진 적이 없다. 그래서 월급을 받는 날이 항상 즐겁다. 더구나 우리 회사 직원들과 그 가족들의 기쁨을 떠올리면 이게 정말 회사를 경영하는 사람의 인간적인 보람이구나 하는 생각을 하게 된다.

월급은 나의 생계 유지 측면에서도 매우 중요하다. 그 돈이 있음으로 해서 집에 돌아갈 때 딸을 위해 학용품을 사거나 먹을거리를 사갈 수 있으며, 나와 가족의 미래도 준비할 수 있다. 그러니 월급날이 기쁠 수밖에 없다. 내가 가진 주식은 그 자산가치를 재산으로 생각해본 적이 없기 때문에 생계 문제와는 아무런 관련이 없다.

> 월급은 나의 생계 유지 측면에서도 매우 중요하다. 그 돈이 있음으로 해서 집에 돌아갈 때 딸을 위해 학용품을 사거나 먹을거리를 사갈 수 있으며, 나와 가족의 미래도 준비할 수 있다. 그러니 월급날이 기쁠 수밖에 없다.

나는 출근할 때마다 검고 큰 가방을 메고 다니는데, 대체 그 가방에 무엇이 들어있느냐고 궁금해하는 사람들이 간혹 있다. 사실을 밝히자면, 그 안은 온통 메모한 종이들로 가득하다. 주로 우리 회사가 개발해야 할 아이템에 관련한 아이디어, 사안별로 취해야 할 전략 등을 메모한 것인데, 이 종이들은 시간이 갈수록 많아져서 2001년에 들어서는 가방을 메면 어깨가 기울어질 정도가 되었다.

늘어만 가는 가방의 무게는 결국 내가 책임져야 할 고민의 종류가 다양해지고 그 부피가 커진다는 것을 나타낸다. 이렇게 걱정을 메고 다니는 생활이 간혹 고달프기는 하지만, 스스로 선택한 일이니 어쩔 수가 없다. 아내를 통해서 알게 된 사실

> 주말에 가족들과 책을 보는 것, 동네 우동집 같은 곳에 가서 저녁을 먹는 일, 온 가족이 둘러앉아 DVD로 영화를 한 편 보는 것, 수면, 이 네 가지가 현재 내가 기다리고, 또 할 수 있는 최선의 휴식이다.

이지만, 회사 일로 고민이 많은 날에는 잠결에 끙끙 앓으며 잠꼬대를 하는 경우도 있다고 한다.

현재 나에게 휴식이 있다면 주말에 가족과 함께 시간을 보내는 것뿐이다. 영화관람을 언제 했었는지는 물론, 대학시절 굉장히 몰두했던 바둑도 마지막으로 둔 게 언제인지 기억나지 않는다. 주말에 가족들과 책을 보는 것, 동네 우동집 같은 곳에 가서 저녁을 먹는 일, 온 가족이 둘러앉아 **DVD**로 영화를 한 편 보는 것, 수면, 이 네 가지가 현재 내가 기다리고, 또 할 수 있는 최선의 휴식이다.

이런 이야기를 자세히 하는 것은 월급 받는 일이 부끄럽지 않을 정도로 내 기준 안에서 지금도 최선을 다하고 있다는 것을 말하기 위함일 뿐이다. 대부분의 벤처기업 **CEO**들은 나보다 더하면 더했지 덜하지는 않을 것이다.

바둑에서 배우다

회사를 세운 후 CEO 입장에서 많은 인터뷰를 하게 되었는데, 그 중 한 신문사에서 '바둑과 경영'이라는 주제로 인터뷰를 요청한 적이 있다. 나의 바둑은 아마추어 1, 2단 수준으로, 바둑에 입문한 것은 의대 예과 2학년 때이다.

바둑은 보통 잘 두는 사람 어깨너머로 배우게 된다고 한다. 그런데 나는 '실전 → 이론'이 아니라 '이론 → 실전'으로 바둑을 배웠다. 바둑을 배워봐야겠다는 생각이 들자 먼저 서점에 들러 무작위로 바둑 입문서를 하나 샀고, 이어 포석, 정석, 끝내기 등을 책으로 익혀나갔다. 아마 오십 권은 읽었던 것 같은데, 자주 보는 바람에 책을 모두 외워버릴 정도가 되었다.

책을 통해 바둑이 어렴풋이 머릿속에 그려질 무렵, 현실감각을 익히기 위해 실제로 바둑을 두기 시작했다. 처음에는 공부한 것이 전혀 소용없어 보였다. 10급에게 9점을 놓고 100집

> 나는 장고파에 속하는데, 한번 돌을 잡으면 어떤 때는 1시간 이상이 걸리는 바둑을 즐겼다. 뚝딱뚝딱 두는 속도전은 내 성격과 안 맞았다. 바둑이 그러하듯 인생이나 사업도 결국은 장기전이라고 생각한다. 단기적으로 보면 분명 손해인 듯하지만 보다 중요한 것은 장기적인 것, 좀더 긴 흐름이다.

이상을 졌다. 실전감각이 없었기 때문이었다.

그런데 자꾸 두다 보니까 책을 읽어두었던 것이 큰 밑거름이 되는 것을 알 수 있었다. 책으로 습득된 '내공'이었던 것이다. 그래서 1년 후에 아마추어 1, 2단 수준까지 오르게 되었다. 고향에서 기원을 운영하는 프로 기사는 — 사실인지 아닌지는 모르지만 — 내가 바둑을 늦게 시작한 것을 알고 '프로 못지 않은 기재인데' 하며 아쉬워하기도 했다.

내가 바둑에서 배운 경영원리는 크게 세 가지이다.

첫째는 부분적인 이익보다 전체 국면을 보는 태도이다. 나는 장고파에 속하는데, 한번 돌을 잡으면 어떤 때는 1시간 이상이 걸리는 바둑을 즐겼다. 뚝딱뚝딱 두는 속도전은 내 성격과 안 맞았다. 바둑이 그러하듯 인생이나 사업도 결국은 장기전이라고 생각한다.

둘째는 바둑을 배울 때 정석을 외운 뒤 몸으로 체화했는데, 그런 경험 때문인지 경영을 할 때도 이론을 체화하는 것을 중요하게 생각하게 된 점이다.

'캐즘 이론'이라는 것이 있다. 벤처기업의 마케팅에 적용되는 이론인데, 벤처기업 제품이 초기에 조금 판매된 후 대중적인 판매로는 잘 연결되지 않는 현상을 설명하는 것이다. 이것은 실리콘 밸리에서 태동한 이론인데, 한국의 벤처기업가들 중에는 이런 이론이 있는지조차 모르고 사업을 벌이다가 불안감에 휩싸이거나 낭패를 보는 것을 목격한 적이 많다.

많은 벤처기업가들은 '미국 마케팅 기법이 한국에서는 안 통한다'고 말하곤 한다. 어떤 이는 '현실은 교과서와는 다르다'고 말하기도 한다. 하지만 기초적인 이론도 안 익히고 무조건 시장과 맞서는 것은 정석을 모르고 바둑을 두는 것과 같다. 오히려 이론을 튼튼히 한 후 이것을 시장의 특수성에 맞춰나가는 것이 지혜로운 태도라고 본다.

이와 관련해서 과거를 돌아보면 그나마 긍지를 느끼는 것이 하나 있다. 우리나라에서 무료 소프트웨어로 출발해 유료로 전환하여 성공한 회사는 거의 없다. 인터넷 기업들도 마찬가지다. 무료로 회원을 많이 끌어모았지만 수익 모델 때문에 많은 회사들이 지금도 고민하고 있다. 그러나 우리 회사는 그것을 극복했다. 내가 자랑스러워하는 것은 그 사실 자체보다는, 마케팅 이론을 다룬 교과서로 공부했고, 그 이론대로 접근해 결국은 해냈다는 점이다.

바둑 1급 정도 수준이 되면 정석대로 두지 않는 경우도 많다. 하지만 정석을 마스터하지 않으면 정석에 변화를 줄 수가 없다. 마찬가지로 교과서 내용을 다 알고 있는 상황에서 다른 방법을 택해야 한다면 정답을 찾을 수 있는 확률이 높다. 텍스트도 모르면서 무조건 안 된다고 하면 오히려 실패할 확률이 더 높다.

셋째는 요소를 차지하고 있어야 한다는 전략이다. 바둑에서 요소는 승부처이다. 급소를 차지하고 있으면 바둑이 편해진다. 이런 바둑의 원리는 상대방이 먼저 뛰어들면 가장 타격이

> 바둑에서 요소는 승부처이다. 급소를 차지하고 있으면 바둑이 편해진다. 이런 바둑의 원리는 상대방이 먼저 뛰어들면 가장 타격이 큰 곳은 내가 선점해야 한다는 지혜를 주었다. 회사가 어느 정도 성장한 후 유관영역으로 조인트 벤처를 만든 것도 그런 맥락에서이다.

큰 곳은 내가 선점해야 한다는 지혜를 주었다. 회사가 어느 정도 성장한 후 유관영역으로 조인트 벤처를 만든 것도 그런 맥락에서이다.

지금 나는 사무실에 바둑판과 알을 보관하고 있다. 대학시절 기숙사 바둑대회에서 우승하여 받은 상품이다. 지금 그것은 철저히 추억의 물건이 되었다. 장고를 해가며 바둑을 둘 여유가 아예 없기 때문인데, 먼 훗날 은퇴를 하면 그제서야 제 역할을 할 것 같다.

비겁한 일

　높은 자리에 있는 사람들이 그 자리에 맞는 대접만 받으려고 하고 막상 문제가 생겼을 때 그 해결은 아랫사람에게 맡기는 것은 비겁한 태도라고 생각한다.
　이젠 과거사가 되었지만, 나 또한 이 때문에 마음에 상처를 받은 적이 있다. 한 대학의 의대 교수직을 그만두게 되었을 때 일인데, 당시 나는 연구와 수업의 질을 높이기 위해 실험할 수 있는 환경을 갖추어 줄 것을 학교측에 요구했고 그 요구는 일언지하에 묵살되었다. 이 과정에서 나는 한국 사회에서 리더의 자리에 있는 사람들이 그 자리만 유지하려고 하지 그에 요구되는 책임은 회피하는 것을 목격하게 되었다. 이 일은 어떤 의미에서는 내가 의학을 포기하게 된 결정적인 이유가 되었다.
　이러한 관습은 기업문화에도 많이 남아 있다. 나는 좋은 결과가 생기면 전 직원들이 함께 그 기쁨을 나누어야 한다고 생각한다. 그리고 어려움도 함께 나누면 힘이 된다고 생각한다. 그러나 책임져야 할 상황이 발생했을 때에는 일단 CEO부터 나서서 그 책임을 져야 한다고 생각한다. 물론 내가 언제나 그러했는가에 대해서는 자신할 수 없고 아직도 부족함을 느낀다. 그러나 지금까지는 내가 져야 할 책임에서 도망가지 않으려고 노력했으며, 앞으로도 절대 도망가지 않을 것이다.

1999년의 일이다. 우리가 시장에 배포한 일부 백신제품 중에 실수로 바이러스가 들어간 제품이 발견되었다. 당시 좋은 이미지로만 커나가던 회사가 한 실수인지라 '좋은 뉴스거리'가 되었고, 이 사태에 담당자는 매우 곤혹스러워했다.

나는 그런 상황에서 모든 책임을 내가 져야 한다고 생각했고 경과를 사실대로 설명한 글을 고객에게 메일로 발송하고 홈페이지에 별도로 창을 만들어 게시했다. 결과적으로 사태는 빠르게 수습되었고 우리는 그런 일이 다시는 발생하지 않도록 더욱 조심을 하게 되었다.

나는 비록 여린 성격이지만 이 부분에 대해서만큼은 여리고 싶은 마음이 추호도 없다. 한번은 고객에게 공급한 제품에 하자가 생겼는데 이때에도 만사를 제쳐놓고 직접 달려가서 사과를 하고 조치를 취했다.

이것은 CEO로서의 나를 드러내기 위함이 아니다. 마땅히 책임져야 할 것에 대해 그 책임을 다하는 것일 뿐이다.

기업은 CEO의 고민을 먹고 산다

학창시절, 나는 굉장히 낙천주의자였고 방어기제가 발달한 탓에 위기상황에서도 퍽 느긋한 편에 속했다. 그런데 의과대학 조교시절부터는 일에 분명한 목적성이 생기면서 걱정이 점점 늘게 되었고, 경영자가 되면서부터는 아예 걱정을 안고 사는 사람이 되었다. 책임감은 무제한으로 커지는 데 반해 완벽을 기하는 성격과 남에게 피해 주는 것을 싫어하는 태도는 여전했기 때문에 어쩔 수가 없는 일이었다.

1999년 말에 갑자기 전신에 두드러기가 난 적이 있었는데, 상태가 아주 심해서 병원에 갔더니 스트레스성 피부염이라고 했다. 그때 나는 자신이 한심하다는 생각부터 들었다. 이것도 못 이겨내고 CEO냐 싶었던 것이다.

어떤 이들은 내가 지나치게 고민한다고 충고하기도 한다.

> 벤처기업가가 어느 정도 고민해야 하는지에 대한 기준은 없다. 또 나처럼 고민을 안고 사는 것이 과연 바람직한지에 대해서도 확신은 없다. 그러나 한 가지 분명한 점은 회사는 CEO의 고민을 자양분으로 삼아 성장하는 존재라는 것이다.

그러한 충고는 감사하지만 고민에서 자유롭기는 불가능할 것 같다. 의도적으로 고민을 떨쳐내는 것보다는 아예 고민을 있는 그대로 받아들이는 것이 오히려 정신건강에 좋을지도 모르겠다. 실제로 이건 내가 책임져야 할 몫이라고 인정해 버리는 편이 차라리 마음이 편해지는 경우가 많았다. 사실 나처럼 고민하는 벤처기업가는 수없이 많을 것이며 오히려 나는 약과라고 생각한다.

앤드류 그로브의 《편집광만이 살아남는다》란 책을 읽고 굉장히 놀란 적이 있다. 책을 읽기 전에는 인텔 같은 회사의 CEO라면 굉장히 편한 직업이라고 생각했다. 항상 1위만 하는 곳 아닌가. 그러나 앤드류 그로브는 회사가 흔들리지 않을까, 패러다임이 바뀌지 않을까 등등 끝없는 걱정을 하고 있었다.

이 책을 읽은 후 머릿속에 떠오른 이미지는 망망대해에서 조각배의 노를 저어가는 내 모습이었다. 세계적인 기업의 CEO도 걱정을 안고 사는데, 소소한 바람에도 전복될 정도의 우리 회사에서는 고민을 더하면 더했지 덜하면 안 될 것이라는 생각이 들었던 것이다.

벤처기업가가 어느 정도 고민해야 하는지에 대한 기준은 없다. 또 나처럼 고민을 안고 사는 것이 과연 바람직한지에 대해서도 확신은 없다. 그러나 한 가지 분명한 점은 회사는 CEO의 고민을 자양분으로 삼아 성장하는 존재라는 것이다.

성장기의 자기 함정

　회사가 어느 정도 성장하면 자신도 모르는 사이에 형성되는 타성을 조심해야 한다. 벤처기업이 수시로 시장에서 자신들의 포지셔닝을 확인해야 하는 것처럼 CEO도 자신이 매너리즘에 빠지지는 않았는지 늘 살펴보는 것이 지속적인 성장에 꼭 필요하다.
　내가 보기에 제일 조심해야 할 것은 고집과 애착이다. 특히 회사가 순조로운 성장을 보일 때 이를 더 조심해야 하는데, 수시로 생각에 경종을 울리기 위해서는 늘 공부하는 자세가 중요하다.
　나의 경우 V3에 대해서는 최초의 개발자로서 굉장한 애착을 가지고 있다. 14년째 버전업을 하고 있는데 계속 지키고 싶고 발전시키고 싶은 게 솔직한 마음이다. 그런데 이것은 개발자 마인드일 뿐이지 경영자 마인드는 아니라고 생각한다.

> "제가 만약에 회사를 떠난다면, 그 이유는 이러합니다…."
> 그의 충고는 나에게 큰 도움이 되었다.

예를 들어 V3가 더 이상 시장성을 가지지 못하는 상황이 된다면 이 제품을 과감하게 포기하는 것이 현명한 태도라고 생각한다.

둘째, 감각적인 판단을 경계해야 한다. 계속 성공하다 보면 과도한 자신감이 생겨나 어떤 사안이나 현상에 대해 속단을 하게 된다. 인간의 속성상 어쩔 수 없는 함정인데, 이를 경계하려면 자신이 CEO로 적합한 사람인지 끊임없이 자문해볼 수밖에 없을 것 같다.

셋째, 자신에 대한 칭찬을 경계해야 한다. 회사가 순조롭게 성장하다 보면 CEO에게 객관적인 평가와 쓴소리를 해주는 사람이 줄어든다. 사원뿐만 아니라 주변 사람들도 그렇게 되는 경향이 있다. 주변에서 좋은 소리가 들려온다고 생각될 때 스스로 경계하지 않으면 현실에 대한 상황판단이 흐려질 것이다.

나도 인간인 이상 여기에서 자유롭지 못하다. 그래도 다행인 것이 회사 내부에서 나에게 간혹 싫은 소리를 하는 사원이 있다는 사실이다. 특히 나를 잘 알고 있는 창업 멤버들이 그러하다. 한번은 초창기부터 함께 일해온 한 사원에게서 편지를 받았다.

"제가 만약에 회사를 떠나고 싶어한다면, 그 이유는 이러할 것입니다…."

그의 충고는 나에게 큰 도움이 되었다.

나의 이 경험을 참조한다면, 늘 CEO에 대해 내부적으로 직언을 해주는 시스템을 만드는 것이 회사발전을 위해서 중요하다는 생각이 든다. 건설적으로 자신을 비판하는 직원이야말로 회사 발전에 꼭 필요한 자산이며, 그런 사람이 하나도 없다면 매우 심각한 위기일는지 모른다.

넷째, 성장의 속도에 정신이 팔려 직원들의 소외감을 잊는 일을 경계해야 한다. 고속성장하는 벤처기업들이 대폭적인 물갈이를 하는 것을 보면 매우 안타깝다. 물론 회사의 발전단계에 맞춰 외부에서 인재를 영입하는 것은 중요하다. 그러나 어떤 자리에 사람이 필요할 경우 일단 내부에서 그 일에 적합한 사람이 있는지를 먼저 찾아보는 것이 좋다. 또 회사의 성장 속도에 보폭을 맞추지 못하는 사람도 나타날 수 있는데, 그들이 자괴감에 빠지지 않도록 믿음을 유지하면서 이끌어주는 것도 성장기에 꼭 해야 할 일이라고 생각한다.

당연히 팀웍이 중요하다

조직에서는 능력이 탁월한 한두 명보다 능력은 조금 떨어지더라도 협조가 잘 되는 사람이 여럿 있는 것이 더 큰 효과를 발휘하는 것 같다. 이유는 간단하다. 대부분의 일은 뛰어난 한 사람보다 평범한 여러 사람이 공동으로 작업하게 되어 있으며, 능력과 효율을 극대화할 수 있기 때문이다.

미국에서 느낀 것 중 하나가 개인주의가 뿌리내린 그들 사회에서도 일에서만큼은 팀웍을 매우 강조한다는 사실이었다. 학교에서도 공동작업을 해서 리포트를 내는 훈련을 많이 시켰다. 처음에는 익숙하지 않아 성가시다고 생각했는데 실제 토론을 통해 아이디어를 모으고 공동작업을 하다 보니 훨씬 더 좋은 결과가 나옴을 알 수 있었다.

우리 회사에 대한 평가 가운데 'CEO에 대한 의존도가 높은 회사'라는 말에 나는 일부는 찬성하지만 전적으로 동의하지는 않는다. 회사 이름에 내 이름이 들어가 있고 회사를 대표해서 내가 외부에 자주 드러날 따름이지, 실제 외부에서 생각하는 것만큼 의존도가 높지 않으며 오히려 다른 기업에 비하면 평균적으로 떨어질지도 모른다. 만일 우리 회사가 내실은 받쳐주지 않으면서 CEO의 지명도만을 경쟁력의 요소로 삼았다면 이미 오래 전에 문제가 생겼을 것이다.

1995년 유학길에 올랐을 때부터 V3의 운명은 개발팀 직원들에게 모두 맡겨졌다. 회사 규모가 커진 덕분이기도 하지만, 지금도 나는 프로그래밍에는 직접 관여하지 않는다. 개발의 큰 방향을 제시하고 개발에 필요한 인력과 자금을 분배하는 조정자 역할을 할 뿐이며, 실제로 일을 하고 성사시키는 것은 직원들의 몫이다.

또 메일로 확산되어 전세계를 떠들썩하게 했던 러브레터 바이러스가 출현했을 때 나는 일본 출장 중이었다. 그럼에도 단시간 내에 백신 개발이 이루어져 사태가 수습되었다. 나는 이것이 더 이상 안연구소가 CEO의 지휘에 의해서만 움직이는 것이 아님을 증명하는 예라고 생각한다.

물론 벤처 세계에서 반짝이는 아이디어, 스타는 존재한다. 그러나 겉으로 드러나는 것은 빙산의 일각일 뿐이다. 아무리 훌륭한 아이디어가 있다 해도 그것을 실천에 옮겨 성공시키려면 수많은 사람들이 투입되어야 하며, 이들이야말로 CEO의 능력보다 더 소중한 기업의 자산이다.

> 우리 회사에 대한 평가 가운데 'CEO에 대한 의존도가 높은 회사'라는 말에 나는 일부는 찬성하지만 전적으로 동의하지는 않는다.

6부

벤처, 희망이기 위한 조건

경영자는 회사가 가지고 있는 기술에만 국한되지 않은, 산업 전반에 대한 폭넓은 지식을 가지고 시장 흐름을 파악하여 마케팅 전략을 세워야 한다. 또한 시장 상황을 반영한 적절한 제도와 조직체계를 만들어서 유지해야 하고, 바람직한 사내 문화의 정착과 사원 개개인의 사기에 이르기까지 세세한 관심을 기울여야 한다.

이분법 혹은 흑백논리

　흑백논리나 독단은 그것이 가지고 있는 명확성만큼이나 판단의 오류에 빠질 위험을 늘 안고 있다. 이것은 벤처기업을 둘러싼 가치판단에도 비슷하게 적용된다.
　우선 제조업과 벤처기업을 지나치게 구분하는 것은 잘못이다. 흔히 말하는 굴뚝산업이라 하더라도 많은 회사들이 벤처정신으로 무장하여 우량기업으로 성장하였다. 또한 벤처기업에도 제조업이 다수 있으며, 굴뚝산업이든 벤처산업이든 투명한 경영과 부의 공정한 분배가 가장 중요한 화두라고 생각한다.
　그 동안 벤처기업은 스톡옵션 등을 통해 경영진과 직원들이 공정하게 성과를 나눌 수 있는 경영혁신을 이루어왔다. 이것은 벤처의 의의라 할 수 있다. 그러나 업계 전체적으로 경영관행에 새 바람이 분다면 벤처를 한다는 것이 그리 주목받는 일이 되지는 않을 것이다. 즉 대기업이라도 투명경영을 한다면 주가가 오를 것이고, 벤처기업이라고 하지만 자신의 사업과는 관계없는 엉뚱한 일에 역량을 분산시킨다면 주가가 떨어질 것이다.

이런 맥락에서 벤처와 대기업을 대립적으로 가르는 것은 적합하지 않다. 오히려 벤처기업과 대기업은 상호 보완하는 가운데 서로의 장점을 발휘해야 하는 관계이다.

지금까지 벤처기업이면 늘 신선한 사업 아이템을 지닌 것처럼 부각되었고 이것은 모든 것에 앞서는 우월함처럼 조명되었지만, 이것도 역시 잘못이다. 사업 아이템보다 더 신선해야 하는 것은 경영관행이기 때문이다.

전문경영인 시스템이 최고이고 오너경영인은 문제투성이라고 단정하는 것도 맞지 않는 흑백논리이다. 미국의 경우에 오너경영인 중에서도 굉장히 모범적으로 회사를 운영하는 사람들이 많고, 심지어 자기 소유의 회사를 통째로 후배 경영인에게 물려주고 은퇴하는 사람도 나타나고 있다. 무조건 전문경영인이 바람직하다는 인식, 오너가 경영하면 문제가 많을 것이라는 선입견도 문제인 것이다.

우리나라에서 인터넷 기업은 수익기반이 취약하기 때문에 안 된다고 단정하는 것도 일종의 흑백논리이다. 다양한 시도, 획기적이고 전략적인 시도를 어떻게 하느냐에 따라 결과는 얼마든지 달라질 수 있다. 수익모델 찾기가 어렵다고 일찌감치 그 회사의 가치를 평가절하하는 태도는 바람직하지 않다.

벤처기업을 다루는 언론의 논조도 바뀌었으면 한다. 한 기업의 상장을 누가 몇백억 원을 벌었다는 식으로 다루는 화제성 기사는 누구에게도 도움이 되지 않는 정보이다. 제대로 된 경영마인드를 가지고 있는 경영자라면 상장한 순간부터 엄청난 부담을 느껴야 한다. 어느 회사든 상장 후 3년이 고비라 하는데, 그러므로 경영자는 그 사이에 투자받은 자금을 잘 활용해서 회사를 더욱 성장시키기 위해 엄청난 부담을 가지고 각고의 노력을 해야 하는 게 원칙이다.

언론이 정말 격려하고 강조할 사항은 바로 이 점이다. 펀딩, 상장을 한 사람이 지나치게 화려한 조명을 받는 일 때문에 선량한 벤처기업인들이 심리적 피해를 입을 수 있다는 점이 고려되어야 한다.

벤처기업을 둘러싼 사회의 일부 편견도 바뀌었으면 한다. 먼저 2000년의 경우를 두고 벤처산업이 한물 간 것이라고 단정할 필요는 없다. 벤처산업의 성장은 세계적인 추세이며, 한국에서도 경제의 미래를 떠받치는 큰 축의 하나로 자리잡을 것이다. 아울러 상식을 벗어난 일부 경영자 또는 금융전문가를 보고 벤처기업 전체를 탓하는 것은 너무나 성급한 판단이다. 극소수 경영자들 때문에 밤낮없이 일하고 있는 절대 다수의 벤처기업인들이 매도되어서는 안 된다.

벤처를 둘러싼 논쟁에서 벤처기업가와 이 분야 이론가들의 편가르기도 바람직한 현상이 아니다. 의견이 다르다는 점 때문에 적대적 감정을 드러내는 풍토는 누구에게도 도움이 안 된다. 비판에 대해서 겸허하게 경청하는 태도가 필요하며, 내편 네 편 가르기보다 다양한 의견이 수용될 수 있는 환경이 조성되어야 벤처기업, 벤처산업은 발전할 수 있다.

인수합병에 대한 편견과 오류

벤처기업간의 활발한 M&A는 벤처 전반의 경쟁력을 높일 수 있는 방법이다. 왜냐하면 벤처기업들 중에는 큰 회사에 합병될 경우 좀더 시너지를 낼 수 있는 작은 기술과 비즈니스 모델을 가지고 있는 경우가 많기 때문이다. M&A는 실리콘 밸리에서는 일반적인 일이다. 우리나라 벤처기업들도 코스닥 등록만을 생각할 것이 아니라 인수합병을 통해 살길을 모색하는 것을 적극적으로 생각할 필요가 있다.

우리나라에서는 인수합병이 되면 그 기업이나 주변에서 마치 그것을 '당한 것'으로 인식하는 경향이 있다. 그러나 미국의 경우는 '당했다'는 표현보다 '성공했다'는 표현을 즐겨 쓸 만큼 인수합병을 기업의 성장에 필요한 과정으로, 생산적인 의미로 해석한다.

사회 여론에서는 좋은 목적을 가지고 M&A를 한 기업가까지 '회사 팔아먹은 사람'으로 판단하는 경향이 있는데 이는 위험한 태도이다. 윈윈의 관계일 수도 있는 것을 성패의 관계로만 해석하는 것은 이성적이기보다는 감정적인 시각이다.

이것은 마치 예전에 대기업, 중소기업을 통념적으로 분류해서 대기업에 있던 사람이 중소기업으로 가는 것을 마치 인생의 실패인 양 바라보던 시각과 같다. 다행히 이런 시각은 벤처 붐이 불면서 어느 정도 깨졌는데, 나는 M&A의 경우에도 이러한 인식의 전환이 있었으면 한다.

그럼 어떠한 경우에 M&A를 적극적으로 생각해야 할까?

비즈니스 모델이 독립적인 회사는 독자적인 생존이 가능하지만, 의존적인 비즈니스 모델을 가진 회사는 M&A를 적극적으로 생각해볼 필요가 있다. 의존적인 비즈니스 모델이란 독자적으로 존재하는 것보다는 큰 비즈니스 모델의 한 부분으로 포함될 때 더욱 가치를 발휘할 수 있는 비즈니스 모델을 말한다. 시장논리에서만 보았을 때 내가 맥아피의 M&A 제의를 한마디로 거부할 수 있었던 것은 우리의 비즈니스 모델이 의존적인 모델이 아니었기 때문이다.

미국에서는 90% 정도의 벤처기업이 의존적인 비즈니스 모델을 가지고 있다고 하는데, 무조건 주식상장으로 해결할 것이 아니라 M&A를 통해 경쟁력을 확보하는 것도 중요한 경영 전략이 될 수 있다고 생각한다.

그리고 M&A를 할 때에는 철저히 수평적 개념의 '윈윈' 제휴가 되어야 한다. 서로 부족한 부분을 보완해야 한다는 것이

> 사회 여론에서는 좋은 목적을 가지고 M&A를 한 기업가까지 '회사 팔아먹은 사람'으로 판단하는 경향이 있는데 이는 위험한 태도이다.

다. 경영권 방어를 위해 한 회사를 희생시키거나 주가를 떠받치기 위해 수직적 개념으로 하는 M&A는 바람직하지 않다.

참고로 M&A 문제로 고민하는 분들이 있다면 《시스코 커넥션》의 일독을 권하고 싶다. 여기에는 지금까지 비즈니스 업계에 등장한 M&A 모델 중 가장 이상적인 접근과정, 마인드가 담겨 있다.

M&A와 관련하여 또 하나 지적하고 싶은 것은 경영자가 인수합병으로 기업을 처분하고 빠져 나오는 문제이다. 물론 우리나라 기업문화에서 이런 경우는 본인의 의지와는 상관없이 되는 경우도 있지만, 어쨌든 좋은 모델은 아니다. 이보다는 피인수자의 입장이 되더라도 경영진의 한 사람으로 참여해서 합병된 회사를 더 발전시키는 것이 건설적인 마인드이다.

나도 훗날 경우에 따라서는 우리 회사가 인수될 수도 있다는 가정을 해본다. 그런 상황에 직면하면 감정적으로 무척 괴로울 것이다. 그러나 우리 회사가 더 큰 발전을 하는 데 필수적인 조건이라면 그것을 기꺼이 받아들일 것이다.

실리콘 밸리에서 참고할 요소들

　기업의 속성은 어디나 비슷하지만 그 기업을 둘러싼 사회 환경이나 문화는 다르기 때문에 벤처기업의 문화나 관행도 나라마다 차이가 있다. 무엇이 옳다 그르다는 판단은 위험한 일이지만, 객관적으로 보았을 때 우리가 개선해야 할 사항은 몇 가지 있다. 내가 개인적으로 둘러본 실리콘 밸리의 벤처문화를 비교 대상으로 한다면, 다음과 같은 면은 한번 생각해보아야 한다.

　먼저 업무의 연속성 문제이다. 이것은 결국 시스템 문제인데, 이는 벤처기업에만 해당되는 것이 아닌, 사회 전반적으로 미비한 요소라고 생각한다. 물론 시스템 중심의 사회가 능사는 아니지만, 장점이 있는 것도 사실이다.

　회사의 경우를 보자. 실리콘 밸리의 벤처기업에서는 어떤 사람이 일을 하면 그 과정에 대해 시스템화된 문서로 분명하게 남겨놓는다. 그래서 만약 실수를 할 경우 본인만 아는 게 아니라 모두가 알게 된다. 또 실수에 대한 원인과 평가도 문서로 남기고 제도로 반영하는 것을 매우 중요하게 생각한다. 왜냐하면 그렇게 해놓으면 다른 사람이 와서 그 업무를 하더라도 실수가 반복될 가능성이 줄어들기 때문이다. 프로세스 중심으로 정리하고 제도화하는 과정이 계속 반복되는 가운데 그 회사의 경쟁력은 커지게 된다. 즉 이러한 시스템 하에서 기업이 가진 무기를 자유롭게 쓸 수 있는 유연성이 마련되는 것이다. 나는 이러한 경쟁력을 갖춘 기업이 진정한 디지털 기업이라고 생각한다.

이에 비해 우리는 좋게 해석하면 아직도 인간 중심적이다. 물론 이것도 장점이 있지만, 문제는 그 사람이 회사를 떠나면 노하우가 남아 있지 않아 다른 사람이 오면 같은 실수를 반복한다는 점이다. 사회 전체적으로도 에너지 낭비가 많아지게 된다.

개인적으로 실리콘 밸리의 벤처문화에서 또 하나 배워오면 좋겠다고 생각하는 것은 명확한 퇴출 시스템이다. 제도적으로도 퇴출 시스템이 명확하다는 것 외에, 특히 강조하고 싶은 것은 퇴출을 대하는 인식과 태도이다.

우리나라는 기업을 경영하다가 한 번 실패한 기업가를 회복 불가능한 낙오자로 보는 경향이 있다. 이러한 경향은 한 인간과 기업의 성장을 장기적인 안목으로 바라보지 못하고 성급하게 판단해 버리는 데서 나오는데, 빨리빨리 문화의 부정적인 면에서 비롯된 것이 아닌가 싶다.

이에 비해 실리콘 밸리에서는 벤처기업이 실패를 했을 경우, 도덕적으로 문제가 없고 나름대로 최선을 다했다는 게 검증이 되면 그 실패에 대해서 낙인을 찍지 않는다. 즉 인생에 있어서 여러 번 실패하더라도 한 번만 성공하면 그 인생은 성공한 것으로 평가하는 인식이 저변에 깔려 있다.

실패에 대해 너그럽지 못한 태도는 또 다른 문제를 야기한다. 즉 기업가의 경우 주변에서 실패했다는 말을 듣기 싫어서, 회사를 어쨌든 살려보려고 무리수를 두다가 더 크게 실패하는 결과가 생기는 것이다. 사태가 이 지경에 이르면 다른 사람들에게까지 큰 피해를 주게 되니, 문제의 확대재생산인 셈이다.

그러므로 벤처기업가도 퇴출 그 자체를 지나치게 두려워하지 말아야 하며 때로는 과감하게 판단할 필요가 있다. 현재의 사업모델이 수익성이 없고 자본잠식에 가까운 상황이며 빚을 얻어 쓸 정도라면 스스로 회사 문을 빨리 닫는 것이 현명하다.

물론 업종에 따라 수익이 생기는 기간이 다를 수도 있다. 그렇다고 그 시간을 차입에 의존하는 것은 바람직하지 않다. 수익이 창출되는 기간은 더디나 진정으로 수익성에 확신이 선다면 빚을 얻기보다는 투자를 받아야 한다. 투자자들이 투자를 하는 것은 지금 당장 수익성이 없더라도 앞으로는 가능성이 있다고 믿는다는 의미이기 때문이다.

문제는 투자자에게 그런 믿음을 주지 못하는 상황이다. 내가 '벤처기업은 빚을 쓰면 안 된다'고 생각하는 것은, 벤처기업은 원래 리스크가 많은데, 투자 형식이 아니라 빚을 끌어다 쓸 정도로 다른 사람에게 확신을 주지 못한다면 그 사업은 실패할 가능성이 현실적으로 매우 높기 때문이다.

업무 시스템, 퇴출 마인드 외에도 M&A에 대한 인식, 아웃소싱 업체의 포지션 등도 실리콘 밸리에서 배울 요소들이다.
그런데 실리콘 밸리 방식이 다 우리에게 좋은 모델이 될 수는 없다. 예를 들어 연봉제의 경우도 우리가 자라오면서 받은 교육과 문화가 서구사회와 다르기 때문에 그 제도를 그대로 도입하는 것은 힘들다.
미국의 경우 연봉제는 대부분 성과에 따른 총액연봉제 개념이다. 그래서 연봉에는 월급, 보너스, 성과급, 스톡옵션이 모두 포함된다. 시스코 같은 회사는 임금은 다른 경쟁사보다 낮은데 스톡옵션에서 타 회사에 비해 많은 혜택을 주는 것으로 알고 있다.
이처럼 총액연봉제의 근본 취지는 회사가 잘되면 그것에 따라 공정하게 이익을 나눠가지자는 것인데, 우리나라에선 잘 받아들여지지 않는다. 당장 자기 친구와 비교할 때 급여나 보너스에 기준한 연봉만으로 비교하는 경우가 많고, 자기가 다니는 회사보다 못한 곳에 다니는 친구가 월급이 많다고 상실감을 느끼게 된다.
비슷한 예로 직급을 들 수 있다. 나이 어린 사람이 능력에 따라서 팀장이 될 수도 있고 나이 많은 사람의 상사가 될 수도 있는 게 미국식이다. 그런데 이것도 우리나라에서는 한계가 있다.

이런 점들은 좋은 점을 적절하게 도입하면서, 우리 문화에 맞게 조절해 나가는 것이 바람직하다.

아웃소싱의 올바른 방향

　흔히 우리나라는 벤처기업을 시작하기 무척 쉬운 환경이라고 한다. 여기에는 동의하지만, 한편으론 제대로 된 벤처기업이 나오기는 참 어려운 곳이라는 생각도 든다. 이것은 벤처기업을 둘러싼 지원환경을 보면 알 수 있다.
　대표적인 것이 벤처기업의 성장에 꼭 필요한 아웃소싱 분야이다. 벤처기업 환경에서 구조조정의 일환으로 아웃소싱을 적절히 하는 것이 맞음에도, 아직도 그 환경이 열악하다. 각 전문 분야에서 노하우를 제대로 갖춘 아웃소싱 업체가 드물기 때문이다.
　우리 회사도 이와 관련해 크게 실패한 경험이 있다. 1999년 우리 회사는 고객지원 업무를 아웃소싱한 적이 있다. 나는 처음에 이 분야는 프로페셔널한 회사에 맡기는 것이 적절한 선택이라고 생각했다. 그러나 결과는 실패였다.

당시 외주업체는 우리의 문화와 사업모델을 이해하기보다는 전화 처리 수를 올려서 자사 매출을 극대화하는 데 치중하였다. 전화 처리 건수에 열중하다 보니 고객 만족도는 떨어지고 통화성공률도 덩달아 떨어졌다. 실적 중심으로만 관리하니 그 회사의 사원들도 불만이 많은 것 같았다.

내부직원이 만족하지 못하는데 외부고객을 만족시키는 것은 더욱 힘들었다. 잘못된 방향 때문에 모두가 행복하지 못한 상황이 된 것이다. 결국 우리는 연말에 그 회사와의 계약을 파기하고 업무를 내부로 가져왔다. 이외에도 몇 번의 아웃소싱이 있었는데 만족할 만한 결과를 얻은 적은 없었다.

물론 이러한 현실은 아웃소싱 업체의 책임만은 아니다. 해당 업체의 능력과 더불어 아직 우리나라 벤처시장이 성숙하지 못한 데에도 원인이 있다. 미국의 경우는 벤처기업들 자체가 수익을 많이 창출하니까 아웃소싱 업체도 잘 커나가는 면이 있는데, 우리의 경우는 아직 초창기 단계여서 벤처기업도 지불능력이 열악하고 아웃소싱 업체도 덩달아 열악해지는 것이다. 그래서 현재 우리나라의 아웃소싱 업계는 일부를 제외하고는 인건비 장사 수준을 벗어나지 못하고 있다. 거기다 벤처 붐이 한번 가라앉으면서 덤핑 경쟁이 일어나기도 했다. 이러한 악순환은 어느 정도 시간이 걸려야 해결될 것 같다.

이와 더불어 정책적으로 정부도 아웃소싱 업체를 키우는 것이 곧 벤처기업을 키우는 것이라는 생각을 해주었으면 하는 바람이다. 물론 아웃소싱 업체들도 시장환경만을 탓해서는 안

> 미국의 벤처캐피털 회사에서 자금 제공 업무는 업무영역 중 가장 기본적인 단계에 속한다. 그들이 가장 중점을 두고 하는 일은 투자한 회사에 최적의 CEO, CFO, CTO를 찾아주는 일이다.

되며 경쟁력을 높여나가기 위한 노력들을 꾸준히 해나가야 할 것이다.

우리나라 벤처기업 환경에서 개선이 필요한 분야 중 하나가 벤처캐피털의 역할이다. 미국의 벤처캐피털 회사에서 자금 제공 업무는 업무영역 중 가장 기본적인 단계에 속한다. 그들이 가장 중점을 두고 하는 일은 투자가치가 있는 회사에 최적의 **CEO, CFO, CTO**를 찾아주는 일이다. 그리고 둘째가 사업에 필요한 여러 가지 네트워크를 형성시켜 주는 일이다. 사람, 업체 모두 여기에 포함된다. 우리의 경우 이런 역할을 제대로 해내는 벤처캐피털은 많지 않은 형편이다.

또 우리나라 벤처캐피털은 역사가 짧고 규모가 작다 보니 단기적으로 판단하는 편이다. 위험분산을 위해 작은 규모로 투자하거나 공동으로 투자하는 경우도 많다. 이렇게 되면 오히려 위험이 커지고 투자 기업에 대한 컨트롤도 안 돼, 결국 벤처기업의 발전에 공헌하는 바도 작아진다.

또한 제조업 성격의 벤처기업이나 소프트웨어 쪽 벤처기업은 어느 정도 시간이 지나야 성과가 나오기 때문에, 단기적으로 판단하면 투자하기 힘들다. 그래서 상장 직전의 벤처기업이나 영화같이 단기적으로 성과를 볼 수 있는 방향으로 몰려가는 결과가 생겨나고 있다. 이런 흐름은 우리나라 벤처기업의 역량을 키우는 데 도움이 안 된다.

여기에다가 단기적인 이익만 노리는 일부 투자자의 태도,

단기간의 가시적인 성과에 주목하는 정책적인 오류가 덧붙여져 벤처기업 환경을 더 어렵게 한다. 물론 이것은 벤처캐피털만의 책임이 아니다. 사회 전반에 비즈니스 상의 신뢰관계가 형성되어 있지 않은 이유가 더 큰데, 이런 점에서 사회 전반의 인식변화도 필요하다.

전략적 제휴와 업무 제휴

전략적 제휴와 업무 제휴는 엄격하게 구분되어야 한다. 나는 현재 벤처기업에서의 제휴와 관련해, 다음과 같은 문제점이 있다고 생각한다.

먼저 전략적 제휴와 업무 제휴가 명확하게 구분되지 못하는 경향이 있다. 단순한 업무 제휴가 마치 전략적 제휴인 양 소개되는 사례가 있는 것이다. 이러한 문제들 때문에 요즘에는 전략적 제휴라는 말 자체부터 신선도가 떨어져버렸다. 이것은 해당 회사나 투자자를 위해 바람직하지 않다. 해당 분야를 잘 아는 사람이라면 제휴에 관한 신문기사를 읽기만 해도 그것이 가치있는 전략적 제휴인지, 겉모양만 전략적 제휴이고 실제는 업무 제휴인지 판단이 가능할 정도이다. 하지만 전문가적인 감식안이 없는 일반 투자자 입장에서는 신문에 무수히 나오는 전략적 제휴를 곰곰이 뜯어보아야 하는 불편이 생긴 셈이다.

둘째, 제휴의 내용보다 제휴를 통한 이미지 제고에 신경을 쓰는 것이다. 제휴를 대하는 기본 마인드가 이래서는 안 된다. 제휴의 형식보다는 그 내용에 더 충실해야 한다.

셋째, 제휴관계는 매우 공정해야 하는데 물품의 납품 조건으로 제휴 형식을 요구하는 경우도 있다. 이것은 양자에게 바람직하지 않다.

그럼 무엇이 전략적 제휴이고 무엇이 업무 제휴일까? 내가 보기에 전략적 제휴는 회사의 운명을 좌우할 만큼 중요한 것이다. 예를 들어 조인트 벤처를 만든다면 이것은 두 사람이 피를 섞는 것과 같다. 그러므로 엄청난 고민이 필요하다. 잘못 수혈된 피가 한 사람의 생명을 죽일 수 있듯이 잘못 선택한 파트너는 그 회사를 아예 없앨 수 있기 때문이다.

이에 비해 업무 제휴는 그 기업이 가진 핵심가치와 철학과는 상관이 없다. 서로 비즈니스가 일어날 수 있는 것을 제휴할 뿐이다. 말 그대로 업무 제휴이며 이때 판단기준은 단순한 시장 논리이다.

다음과 같은 것들은 전략적 제휴로 볼 수 있다.

첫째는 조인트 벤처를 만드는 것이다. 이것은 가장 중요한 전략적 제휴의 한 형태이다.

둘째는 한 회사가 다른 회사의 투자를 받으면서 업무 협정을 맺는 것이다.

셋째는 연구개발, 마케팅, 영업, 고객지원 등의 사업부문을 공유하거나 다른 회사에 위탁하는 경우이다. 위의 두 경우보다는 규모가 작지만 이런 경우도 전략적 제휴라 할 수 있다.

또한 제품을 공동 개발해서 그에 따른 저작권과 수익을 공유하는 것도 전략적 제휴의 한 형태이다.

빌 게이츠는 벤처기업가 모델이 아니다

　빌 게이츠, 10년쯤 전만 하더라도 한국에 와서 장관에게 면담 신청을 해도 만나주지 않던 신세였으나, 이제는 세계 각국의 대통령들이 앞다투어 만나려고 열을 올리고 있다.
　컴퓨터 잡지를 봐도 빌 게이츠라는 이름이 한 번이라도 언급되지 않은 달은 거의 없다. 신문이나 방송에서 컴퓨터 관련 보도를 할 때도 성공한 제품이나 인물을 빌 게이츠와 관련짓기를 좋아한다. 정보통신업계에서 성공한 벤처기업가들에게는 의례 '한국의 빌 게이츠'라는 수식어가 붙게 마련이며, 당사자들도 빌 게이츠를 이상적인 모델로 생각한다.
　주지하다시피 빌 게이츠는 초기에는 프로그래머로서 마이크로소프트를 설립했으나, 회사의 규모가 커짐에 따라 경영자로의 변신을 훌륭하게 수행하여 오늘날의 마이크로소프트를 만들었다.

따라서 이 예만 놓고 본다면, 기술적인 기반을 가지고 창업을 한 프로그래머나 엔지니어가 경영까지 맡아서 하는 것을 벤처기업의 성공적인 모델로 생각하기 쉽다. 그러나 엔지니어로서의 재능과 사업가로서의 재능 두 가지를 모두 갖춘 사람은 극히 드물다.

엔지니어로서의 재능이 있는 사람은 사업가로서의 자질이 부족한 것이 보통이며, 사업가로서의 재능이 있는 사람은 엔지니어로서의 적성이 부족한 것이 보통이다. 빌 게이츠는 양쪽 재능을 갖추고 있는 보기 드문 사람이며, 굳이 비중을 따지자면 사업 방면에 더 탁월한 재능이 있는 사람으로 평가할 수 있다.

실제로 빌 게이츠는 경영자들 사이에서도 백 년에 한 명 날까 말까 한 비즈니스의 천재라는 평가를 받고 있다. 만약에 빌 게이츠가 프로그래머로서의 능력만을 가지고 있는 사람이라면 지금의 마이크로소프트는 존재하지 못했을 것이다.

가장 성공한 벤처기업인 마이크로소프트가 벤처기업의 모델로 많이 인용되는 것은 당연하다. 문제는 빌 게이츠가 이러한 드문 재능의 소유자라는 사실은 도외시한 채 '프로그래머 출신 창업자가 경영을 해서 성공했다'는 사실을 일반화하는 오류를 범하는 데 있다. 그래서 나는 빌 게이츠가 경영자로서는 배울 점이 많지만, 벤처기업가의 모델로는 적합하지 않다고 생각한다.

실제로 미국에서도 엔지니어 출신 창업자가 경영까지 맡아서 성공하는 예는 적으며, 많은 경우에 창업은 엔지니어가 하지만 경영은 전문경영인이 맡아서 회사를 키워나가는 것이 보통이다.

대표적인 예로 애플을 들 수 있다. 엔지니어 출신인 스티브 워즈니악이 컴퓨터를 설계하고 스티브 잡스가 경영을 담당하여, 허름한 차고에서 시작한 애플 사를 세계 굴지의 대기업으로 키워놓았다. 이러한 점에서 볼 때, 애플의 사세는 현재 마이크로소프트에 비하면 크게 뒤떨어지지만, 벤처기업의 모델로는 더 적합할 것이다.

처음 벤처기업을 설립할 때는 시장 규모가 작거나 심지어는 존재하지 않는 경우도 있기 때문에 기술 자체가 회사의 성패를 좌우하게 된다. 초기 시장의 고객들은 새로운 기술에 대해서 잘 알고 있으며 그 장단점을 충분히 파악하고 있는 경우가 많기 때문에, 기존 기업의 브랜드 이미지에 현혹되지 않고 기술적으로 앞서가는 제품을 선택하는 경향이 있다. 따라서 이때는 기술적인 기반을 가지고 있는 엔지니어들이 경영에 참여해서 경쟁자보다 한발 앞선 기술 개발을 계속해 나가면 시장을 선점할 수 있다.

그러나 점점 시장이 커지면서 소비자 위주의 시장(consumer market)이 되면 사정은 달라진다. 이 시점에서는 기술적인 면을 잘 파악하고 있는 고객은 극소수에 지나지 않으며 많은 고객들이 브랜드 이미지만으로 제품을 선택하게 된다. 따라서 이때가 되면 기술보다는 대외적인 마케팅 전략과 내부적인 조직관리가 시장에서의 성패를 좌우하게 된다.

경영자는 회사가 가지고 있는 기술에만 국한되지 않은, 산업 전반에 대한 폭넓은 지식을 가지고 시장 흐름을 파악하여 마케팅 전략을 세워야 한다. 또한 시장 상황을 반영한 적절한 제도와 조직체계를 만들어서 유지해야 하고, 바람직한 사내 문화의 정착과 사원 개개인의 사기에 이르기까지 세세한 관심을 기울여야 한다.

그리고 시장 상황은 항상 여러 가지 요소가 복잡하게 맞물려서 빠르게 변화할 수 있다는 인식하에, 성공적으로 수행되고 있는 마케팅 전략이나 관리체계라 할지라도 시장 상황의 변화를 재빨리 감지해서 적절하게 방향을 선회할 수 있는 유연성도 지니고 있어야 한다. 기술의 발전 방향에 대한 통찰력을 가지고 회사가 앞으로 나아갈 방향에 대한 비전을 제시하고, 패러다임이 바뀔 때 리더십을 발휘해서 사원 모두가 일사불란하게 위기를 헤쳐나가게 하는 것도 경영자의 몫이다.

이러한 관점에서 볼 때 빌 게이츠는 백 년에 한 명 날까 말까 한 훌륭한 경영자이다. 확고한 비전하에 적절한 마케팅 전략과 관리체계를 수립해서 마이크로소프트를 탄탄한 반석 위에 올려놓았으며, 인터넷으로 인하여 패러다임이 바뀔 때 거함으로 비유되는 마이크로소프트를 순식간에 인터넷 중심으로 재편해놓았다.

그러나 빌 게이츠처럼 두 가지 방면 모두에 재능을 가지고 있는 사람은 극소수에 지나지 않는다. 만약 엔지니어로서의 재능만을 가지고 있는 사람이라면 경영자로서의 빌 게이츠를 꿈꾸기보다 자신이 잘할 수 있는 일에만 최선을 다하는 것이 더 좋은 결과를 가져올 것이다.

사람이 모자란다는 불평

대부분의 벤처기업에서는 사람이 모자란다고 아우성을 친다. 예전에 미국에 가서 만난 인텔의 중역이 자기 회사의 인원 부족을 가지고 불평하는 소리를 들은 적이 있는데, 그러고 나니 이것이 우리나라의 사정만은 아니구나 싶었다.

처음에는 매우 놀랐다. 작은 기업도 아니고, 인텔처럼 이윤을 많이 내고 좋은 환경을 갖춘 기업이 사람이 모자란다니! 그 중역과 더 많은 얘기를 하다보니 왜 그런 이야기를 했는지 알 수 있었다. 그리고 우리나라 여러 기업들에서 사람이 모자란다는 불평이 왜 생겨나는지도 알 수 있었다.

내가 생각하기에 이유는 이런 것이다. 업무 리스트를 짰을 때 10가지의 일이 있다면 그 10가지를 다 하려고 하니까 사람이 늘 모자란다고 느끼는 것이다.

기업마다 다르긴 하겠지만 우리 회사가 지금 적정인원인가 하는 의문은 풀기 힘든 숙제이다. 이 숙제를 풀 수 있는 해법 중 하나는 80 : 20 법칙을 활용하는 것이다. 즉 10개의 업무가 있다면 그 중에서 실제 회사 매출에 큰 공헌을 하거나 절대적으로 필요한 것 2~3가지를 정한다. 이 일만 제대로 해도 회사는 돌아가게 되어 있으며, 나머지는 경우에 따라 과감하게 포기해야 한다.

필수적인 일을 정할 때는 CEO 또는 부서장의 역할이 절대적이다. 사원은 회사 전체의 우선순위보다는 자기에게 주어진 일의 범위 내에서 우선순위를 정하는 경향이 있는데, 이것은 그대로 방치한다면 모두들 열심히 일을 하지만 회사에는 도움이 되지 않는 경우가 생길 수 있기 때문이다.

이처럼 정확히 제로베이스에서 회사 생존에 꼭 필요한 업무의 우선순위를 정해야지, 일이 많다는 이유만으로 사람을 자꾸 두게 되면 가외의 일은 더 생겨나게 마련이고 그러면 회사는 비효율적인 상태가 된다. 일하는 사람 개개인도 많은 일을 다 해내려고 하니 조바심이 날 수밖에 없다.

이런 상태를 방치하는 것보다는 가혹하지만 경우에 따라서는 사람을 줄여서라도 두세 가지 핵심업무만 집중적으로 하게 하는 환경을 만들 필요도 있다. 물론 이것은 CEO의 역할이며, 냉철한 판단력이 요구되는 과제이다.

그런데 여기서 냉철한 판단이라는 게 꺼내기는 쉬운데 그 기준이 잘 서지 않는 것이 문제이다. 어떤 선을 넘어버리면 사람이 절대적으로 부족해서 매일 직원들을 야근시켜야 하는 상황이 발생하기 때문이다. 그러므로 최대 효과와 과중업무의 분기점을 잘 짚어내야 한다.

그리고 벤처기업의 경우 인원이 100명 이상 되면 CEO가 아무리 현명하고 업무를 잘 안다 하더라도 냉철한 판단이 어렵게 된다. 이때는 부서장의 역할이 중요하며, 부서장들이 CEO의 입장에서 현명하게 판단해야 한다.

내가 생각하는 규모별 기준을 말한다면, 창업기 때의 작은 규모일 때는 CEO가 현장에서 판단을 직접 하는 핸즈 온 매니저가 되어야 한다. 그리고 회사가 조금 성장하여 실무형 리더가 되었을 때는 부서별로 개괄적인 판단기준을 가져야 하며, 전략적 리더가 되었을 때는 부서장에게 업무를 완전히 위임하여야 한다.

우리 회사의 경우 과연 그러했는가 돌아보면 크게 자신은 없다. 하지만 초창기부터 관리는 매우 엄격하게 해왔다. 사람에 대한 투자도 절대 무리하지 않았고, 재무관리도 아주 빡빡하게 운영하였다. 나를 비롯한 직원들이 간혹 힘들다고 느끼기는 했지만 결과적으로 엄격하고 냉철한 운영은 우리 회사를 성장시키는 또 하나의 힘이 되었다.

패러다임 변화와 CEO

 패러다임과 관련하여 나에게는 경영의 대가 앤디 그로브가 제시하는 전략적 변곡점 같은 정미한 이론체계는 없다. 다만 항상 시야를 넓게 가지는 태도를 갖자는 마음자세만 갖추고 있을 뿐이다. 그나마 이런 마음이라도 있었기에 지금까지는 변화에 뒤처지지 않고, 때로는 재빠른 대응까지도 할 수 있었던 것 같다.
 예를 들어 우리 회사가 보안 솔루션 쪽으로 진출한 것은 기술적인 패러다임의 변화를 읽고서였다. 또 우리가 백신 일변도에서 벗어나 통합 솔루션을 지향한 것도 패러다임 변화를 읽고서였다.
 우리나라는 매우 훌륭한 워드 프로세서 소프트웨어를 가지고 있었다. 그런데 그 분야의 패러다임은 워드 프로세서 사이의 싸움이 아니라 통합 솔루션 싸움으로 변했다. 한 소프트웨어와 통합 솔루션의 싸움은 마치 탱크 앞에서 소총을 가지고 싸우는 것과 같은 것으로, 그 결과가 어떠했는지는 이미 우리가 잘 알고 있다.

많은 고민을 한 덕분인지, MS 오피스가 출시되기 전에 어떤 소프트웨어든지 통합 솔루션이 매우 중요한 화두가 될 것이며, 우리의 주력제품인 백신 분야의 경우도 아직 진행이 되지 않았을 뿐이지 이러한 패러다임 변화를 준비해야 한다는 생각이 들었다. 그래서 백신의 경우도 통합 보안 솔루션을 지향해서 개발을 하게 되었다.

현재까지도 백신 시장이 통합 보안 솔루션 시장으로 갈지 안 갈지 또는 두 가지가 공존하게 될지는 미지수이다. 그렇다면 나는 전략적인 잘못을 범한 것인가? 그렇지는 않다. 당시 나는 미리 준비해놓으면 만약에 패러다임의 변화가 있더라도 준비된 상황이기 때문에 충분히 대응, 선점이 가능할 것이라고 생각했다. 또 설령 그런 변화가 없더라도 우리가 한 제품에 의지하지 않기 때문에 기술개발 쪽의 위기 관리에도 도움이 될 것이라 생각했다. 그리하여 언제가 될지 모르겠지만 백신 시장의 성장성이 하강곡선을 그리기 시작하더라도 회사는 계속 발전할 수 있고, 기존 백신 사업의 시너지를 이어갈 수 있을 것이라고 판단했던 것이다.

나는 패러다임의 변화와 관련해서는 앤디 그로브의 지적과 태도가 참으로 적절하다고 생각한다. 기술 쪽뿐만 아니라 정책, 소비자 마인드, 유관산업 동향까지 파악할 수 있다면 세부

사항에 대한 결정을 하기가 쉬워지는 것이다.

그러나 지금 당장 보유중인 기술에 대한 기반이 갖춰지지 않은 상태에서 패러다임 변화에 너무 촉각을 곤두세우는 것도 능사는 아니다. 즉 핵심역량 등 자기기반에 충실한 다음에 인식의 영역을 넓혀 나가는 것이 더 바람직하다. 우리 회사의 경우도 기술적인 측면에서 백신에 대한 기반을 갖춘 후 보안 전반을 보려고 노력했다. 그런 가운데 소프트웨어 전반, IT 산업 전체 흐름을 보는 순서를 밟았다.

패러다임 변화를 읽는 정확한 눈의 출발점은 자기가 하는 작은 영역에서 최선을 다하고 최대한 고민하는 것이다. 그러한 노력과 고민이 이어질 때 다음 단계가 자연스럽게 들어오게 되는 것이다.

어떤 벤처기업에 투자할 것인가

2000년 벤처 붐이 불 때 아무리 친한 사람의 개업식이라도 얼굴을 내비치지 않았다. 야박하단 소리를 감수하고 그런 행동을 한 것은, 내 얼굴을 보고 그 기업의 가치를 평가해 투자를 하려는 사람들을 보았기 때문이다. 아무 이해관계가 없더라도 미지의 투자자에게 왜곡된 판단기준을 주기는 싫었다.

벤처기업으로 투자자금이 유입되는 것은 벤처산업이 크기 위한 필수요소이다. 따라서 정부, 대기업, 은행권에서부터 개인 투자자들의 모임인 엔젤클럽에 이르기까지 벤처기업 투자에 관심을 가지게 된 것은 바람직한 일이다. 그러나 '묻지 마 투자'는 정말 사라져야 한다.

지금은 그렇지 않지만 한때 일부 투자자들은 회사명에 ○○ 통신, ○○ 텔레콤, ○○ 컴퓨터 등만 들어 있으면 실제로 그 회사에서 하는 일과는 상관없이 주식을 사들이기도 했다. 그들이 가진 최소한의 정보 권리라고 할 수 있는 공시도 제대로 보지 않았다. 근거 없는 호재성 소문에 주식값이 폭등했고, 해당 기업에서 부인 공시를 내더라도 그 추세가 멈추지 않기도 했다.

심지어 비상장 기업에도 무조건 돈이 몰렸던 적이 있다. 회사의 사업내용이나 전망 등을 알지 못하면서 정보통신 분야를 한다는 이유 하나만으로 인터넷 주식공모에 대규모 자금이 몰려들었고 그 결과 수많은 사람들이 피해를 입었다.

'묻지 마 투자'는 아무에게도 도움이 안 된다. 투자자에게 손해를 가져올 뿐만 아니라, 이제 막 커가는 벤처산업을 죽일 수도 있다. 벤처산업이 탄탄하게 자리잡기 위해서는, 장기적인 관점에서 끊임없이 자금이 유입되어야 한다.

벤처기업에 투자가 지속적으로 이루어지기 위해서는 해당 기업뿐만 아니라 투자자들도 계속 돈을 벌어야 하며 성공사례가 계속 나와야만 한다. 만약 투자 초기에 많은 투자자들이 실패해서 떠나버린다면, 결국 벤처기업으로는 자금이 유입되지 않을 것이며 벤처산업은 채 꽃을 피우기도 전에 미미한 분야로 남게 될 것이다. 실제 2000년도에 우리는 이러한 경우를 너무나 많이 보았다.

투자자들이 옥석을 가려서 투자하려면 다음 세 가지 정도는 꼭 점검해야 한다.

첫째는 경영자 및 경영진이다. 벤처기업도 결국 사람이 하는 일이기 때문에 기업의 성패는 그 기업을 운영하는 사람에 따라 좌우된다. 따라서 경영자의 도덕성, 성실성, 그리고 얼마나 자신이 하고 있는 사업에 대해서 잘 알고 있는가를 점검하는 것은 필수적이다.

또한 전체 경영진을 평가하여 기술, 마케팅, 관리의 세 가지 측면에서 부족한 면은 없는지를 점검하는 것이 좋다. 세 가지 모두 최상급일 필요는 없지만, 최소한 두 분야는 잘 운용되고 있고 부족한 부분에 대해서 경영진 스스로가 알고 있다면 충분히 발전 가능성이 있다고 평가할 수 있다.

경영자 및 경영진을 직접 만나기 힘들 때는 언론 보도를 통해서 얻을 수 있는 정보보다는 업계 내에서의 평판에 귀기울이는 것이 바람직하다. 언론 보도에서는 기사의 목적에 따라 미화되거나 과장될 가능성이 있기 때문이다.

능력있는 경영자라면 비즈니스 모델이 조금 부실하거나 상대적인 절대우위가 조금 부족하더라도 사업을 성공시킬 가능성이 높다는 점에서, 경영자 및 경영진 점검은 벤처기업 투자의 필수적인 요소이다.

둘째는 시장의 크기 및 비즈니스 모델이다. 현재 큰 규모의 시장 또는 미래에 커질 것으로 전망되는 시장을 대상으로 하는 사업이라면, 성공했을 때 얻을 수 있는 수익규모는 매우 커질 수 있다. 시장규모가 작거나 아예 존재하지 않는다면, 독점에 가까운 시장점유율을 차지한다고 할지라도 장기적으로 해당 기업이 살아남기는 힘들다.

또한 아무리 큰 시장을 대상으로 하더라도 비즈니스 모델 또는 매출생성 모델(revenue generation model)이 부실하다면 제대로 매출을 올릴 수 없고 결국 경영난에 봉착할 가능성이 높다.

셋째는 상대적인 절대우위 요소(unfair advantage)이다. 해당 분야에서 다른 경쟁자들이 가지고 있지 못하거나 하기 힘든 요소들을 가지고 있다면, 그 회사는 성공 확률이 높다고 볼 수 있다. 반대로 단순한 아이디어 몇 가지만 가지고 사업을 시작하는 경우에는 다른 경쟁자들이 금방 따라잡을 수 있기 때문에 장기적인 관점에서 성공 확률은 낮아진다.

또한 경영진에서 해당 분야 경쟁 회사들을 잘 파악하고 있는지, 아직은 경쟁자가 아니지만 해당 분야에 뛰어들 가능성이 높은 기업들은 어디인지, 그리고 거대 자본을 바탕으로 한 대기업이 뛰어들더라도 살아남을 수 있는지도 점검해야 한다.

이제 투자자도 벤처를 아이템 위주로 보거나 투자 수익률로만 바라보던 시대는 지났다. 인터넷이나 바이오테크를 다룬다고 무조건 벤처는 아니다. 투자자들이 이러한 기본개념을 바탕으로 옥석을 가려 투자에 임한다면, 그리고 투자의 성공사례들이 계속 나와야지만, 벤처산업은 발전을 거듭할 것이다.

시간이라는 자산

기술, 아이디어, 시스템은 벤처기업의 소중한 자산이다. 그런데 벤처기업이 어느 정도 성장한 다음에는 이들 못지않게 중요한 자산이 또 있다. 바로 CEO의 시간이다. CEO가 한정된 시간을 어떻게 회사 발전에 보탬이 되게 쓰느냐에 따라 기업의 성패까지 좌우된다.

이런 점에서 우리 사회는 벤처기업가가 더 성장할 수 있는 환경을 만들어주지 않는 측면이 있다. 즉 어느 정도 성공한 벤처기업가가 자기 본연의 일을 계속 잘하게 놔두지 않는다.

예를 들어 조금만 성공하거나 유명해져도 여기저기서 강연과 인터뷰를 요청해온다. 또한 얼굴만 좀 보자며 의례적인 자리에 불러들이기도 한다. 심지어 정치권에서 공천을 청하는 사태까지 나타난다.

아직 우리나라 벤처기업이 가야 할 길은 멀고 또 경쟁상대가 전세계에 무한히 퍼져 있다고 생각한다면 벤처기업가들이 전문가로 세계 무대에 설 수 있도록 격려는 하되 지나치게 외부의 일에 리소스를 낭비하는 일이 없도록 배려하는 사회적 공감대가 마련되어야 한다.

내 주변의 유명한 벤처기업가들 중에는 외부 청탁 문제 때문에 고민하는 분들이 많다. 이런 문제를 말하면 제의가 들어올 경우 거절하면 될 것 아닌가 하고 반문하겠지만 실제 문제는 그렇게 간단하지 않다. 아직도 우리 사회문화에서는 바로 거절하면 상대는 마음이 상하고 때로는 유명해지면서 거만해졌다는 오해를 하기도 한다.

나의 경우도 예외가 아니어서, 언제부턴가 외부 청탁을 어떻게 해결하는가가 큰 고민 중 하나가 되었다. 성격이 워낙 거절을 못 하는 스타일이라 이런 외부 일에 쫓기다 보면 내부에 쏟아야 할 역량을 10분의 1도 발휘하지 못하는 것 같아 불만족스러울 때가 많고, 특히 직원들에게 너무 미안하다.

물론 어떤 사람이 성공한 근본적인 원인을 유지해가는 것은 본인 자신의 책임이다. 그러나 그것을 도와주는 사회적 배려도 필요하다. 벤처기업가들은 분명 앞으로 우리나라 산업을 이끌어갈 중요한 일꾼들이기 때문이다.

> 조금만 성공하거나 유명해져도 여기저기서 강연과 인터뷰를 요청해온다. 또한 얼굴만 좀 보자며 의례적인 자리에 불러들이기도 한다. 심지어 정치권에서 공천을 청하는 사태까지 나타난다.

2000년의 교훈과 희망

　2000년부터 시작된 닷 컴 위기론 또는 벤처 위기론은 벤처 기업 자체의 문제라기보다는 기업문화나 주위환경의 문제에서 비롯된 것이었다.
　1999년의 경우 벤처기업들은 비정상적인 열기에 의해 많은 자금을 투자받았고, 투자받았다는 사실 자체가 성공인 것처럼 인정받았다. 그러다보니 일부 벤처기업들은 원론적인 비즈니스 모델이나 기술개발보다는 비정상적인 모델에 관심을 기울였다. 또 자산이나 매출규모로 등수를 가리다보니 외형 부풀리기 경쟁으로 이어져 이것이 결국에는 벤처 열기의 냉각을 부채질했던 것이다.
　지나친 과열 이유 중의 하나는 벤처는 성공의 보증수표라는 잘못된 생각이었다. 오히려 미국의 경우처럼 성공하는 것이 비정상이고, 망하는 것이 당연하다는 식으로 접근했다면 과도하게 과열되지도 않았고, 급속하게 냉각되지도 않았을 것이다.

나는 당시 벤처기업의 위기를 오히려 희망적으로 보았다. 그래서 거품이 너무 심할 때는 쓴소리를 하기도 했지만 위기설이 나돌 때는 반대로 긍정적인 시각에서 상황을 보고자 노력했다. 그 위기상황은 벤처기업의 체질을 개선할 수 있는 최적의 기회였기 때문이다. 사실 활황일 때는 경쟁력이 취약해도 이를 개선할 필요성을 느끼지 못한다.

당시 내가 정말 아쉬워했던 부분은 따로 있었다. 1999년 벤처는 산업구조로 볼 때 기존의 경영관행을 투명하게 바꿀 수 있는 모티브였는데, 우리 사회 전반에서 그 모티브를 이용할 시기를 놓쳤다는 것이다.

그러나 아쉬움에 머물러 있을 수는 없는 일이며, 우리는 그 시절에 얻은 교훈으로 무장하여 다시 일어서야 한다. 사실 우리가 2000년의 경험에서 얻은 교훈은 참으로 값진 것이다.

첫째, 벤처기업들은 핵심역량을 통해 영업이익을 내는 것이 지상과제라는 기본을 다시 깨닫게 되었다. 거품의 시기에는 미래가치라는 두리뭉실한 이름으로 이 부분은 등한시되었다. 이제 그런 일은 없을 것이다.

둘째, 위기관리가 얼마나 중요한지 다시 깨닫게 되었다. 이는 국내 벤처기업들이 특히 취약했던 부분이었다. 거품이 가라앉으면서 나는 많은 벤처기업들이 마케팅과 영업은 최고의 당시 내가 정말 아쉬워했던 부분은 따로 있었다. 1999년에 벤처는 산업구조로 볼 때 기존의 경영 관행을 투명하게 바꿀 수 있는 모티브였는데, 우리 사회 전반에서 그 모티브를 이용할 시기를 놓쳤다는 것이다.

목표를 설정하고 공격적으로 전개하되, 재무와 회계는 최악의 시나리오를 가정해서 위험을 최소화하고 있는, 의미있는 변화상을 발견하게 되었다. 이것은 매우 발전적인 현상이다.

셋째, 치밀한 사업계획의 중요성을 다시 인식하기 시작했다. 이것은 벤처자본도 마찬가지여서 치밀한 사업계획이 전제되어야 비로소 움직이기 시작하고 있다.

마지막으로, 장기적인 관점의 경영에 눈을 돌리게 되었다. 거품 시기에 무수히 많은 사람들이 급격하게 부상했다가 사라지는 것을 지켜보았고, 거기에서 소중한 교훈을 얻은 것이다.

이러한 상황에서 우리는 의기소침해할 필요가 전혀 없으며 긍정적으로 현재와 미래를 생각하여야 한다. 당장 눈앞의 상황을 보고 박탈감을 느낀다면 그것은 벤처정신의 실종이다. 벤처기업가에게는 마라토너 정신이 필요한 것이다.

IMF를 거치지 않고 사업을 시작한 신생 벤처기업들에겐 이 말이 설득력이 떨어질지 모른다. 그러나 아직도 찬바람이 불고 있는 2001년의 경우도 벤처개념조차 희미했던 4~5년 전에 비하면 훨씬 형편이 나은 상황이다. 어떤 기업이 성장할 가능성만 있으면 기꺼이 투자하는 사회적인 마인드가 존재하며 내적으로도 벤처기업들은 많은 인재들을 보유하고 있다. 값비싼 수업료를 지불했음에도 불구하고 아직 튼튼한 집을 지을 수 있는 기둥이 남아 있는 상황인 것이다.

나는 이러한 요소 외에 보다 근원적인 점에서 희망을 발견한다. 그것은 아직도 벤처정신이 건재하다는 사실이다. 나는 지금도 돈만을 벌기 위해 벤처기업을 시작한 사람은 많지 않다고 보며, 대부분 자기실현을 위해 일하고 있다고 생각한다. 이러한 벤처정신에 백년대계를 생각하는 정부정책, 사회 인식변화가 어우러진다면 우리나라 벤처기업은 큰 도약을 할 수 있다고 확신한다.

차입과 상장

　우리 회사의 경우는 어떠한 상황에서도 차입은 하지 않았다. 물론 기업 경영에서 차입이 무조건 나쁘다고는 생각하지 않는다. 정상적인 상황에서도 새로운 분야에 진출하려면 자금이 필요하고, 자금규모가 클 경우 내부 여력을 벗어나는 경우가 비일비재하기 때문이다. 이때는 누구나 차입을 고려할 수밖에 없는데, 단지 우리 회사의 경우는 차입이 여러 가지 면에서 맞지 않는다고 판단했던 것뿐이다.

　회사의 기본적인 오퍼레이팅 차원에서 단기적으로 현금 흐름이 나빠질 경우 단기간에 확실히 갚을 수 있다면 차입을 고려해볼 수 있을 것이다.

　그러나 벤처기업에서 투자자금을 충당하기 위해 차입을 하는 것은 곤란하다. 이것은 돈을 빌려서 주식에 투자하는 것과 다를 바 없다. 여유자금으로 투자하는 것이 건강한 주식투자

이듯이 회사도 마찬가지다.

  펀딩이 어려워졌다는 이유 하나만으로 벤처기업 경영환경이 어려워졌다는 생각도 잘못된 것이다. 분명한 사업계획, 경쟁력, 하고자 하는 열의가 전제된다면 돈이 없어 회사를 못 차린다는 것은 핑계에 지나지 않는다. 단지 위의 조건들을 충족시키는 상황이 아님에도 마음부터 앞서는 것이 문제일 것이다.

  주식 상장의 경우도 건강한 마인드로 접근해야 한다. 상장은 좋은 자금 조달 수단이다. 그러나 여기에는 상장에 따른 혜택만큼 책임을 다한다는 생각이 전제되어야 한다. 또 상장했다거나 투자를 받았다는 것은 이전보다 한 단계 더 나아간 새로운 사업이 시작됐다는 뜻이므로 상장에 성공했다고 안도하는 것은 매우 위험한 태도이며, 이제부터 시작이라는 마음가짐이 중요하다.

  누차 강조하는 것이지만 상장을 단순히 돈을 끌어모으는 수단으로만 삼으면 곤란하다. 주식시장은 분명한 사업계획을 가지고 사업을 전개하려 할 때 모자라는 돈을 투자받는 곳이어야 한다. 이것이 주식시장의 긍정적인 존재의미이다.

  또 벤처기업은 원칙적으로 시장상황과 증시상황을 연동시키는 것은 바람직하지 않다. 회사마다 적절한 펀딩 시점이 있고 규모가 있는데, 여기에 맞추지 않고 무조건 대규모 펀딩을 받는다면 그 결과는 뻔하다. 먼저 경영 효율이 떨어질 것이고 팽팽한 긴장감이 가져다주는 전투력도 상실될 것이다. 그러므로 회사상황에 따른 적절한 펀딩만이 그 기업의 성장에 보약이 될 것이며, 지나치게 증시상황에 좌우되면 오히려 그 기업은 망가질 가능성이 높다는 것을 기억해야 한다.

이런 점에서 벤처기업들이 반드시 코스닥에 상장할 필요는 없다. 자금이 필요하면 벤처캐피털에서 투자를 받거나, 실리콘 밸리의 여러 예처럼 상장하기 이전에 인수합병을 통해 살 길을 모색할 수도 있다. 큰 회사에 흡수, 합병되어야 더 발전할 수 있는 작은 기술과 비즈니스 모델이라면 인수합병은 충분히 발전적인 선택이다.

기업의 핵심은 핵심역량과 성장률이며, 기업은 매출액보다는 주당 영업이익이나 성장률 같은 요소로 평가받아야 한다. 코스닥에 등록해서 떼돈을 벌었다거나 돈방석에 앉았다는 말은 모순이며, 또 이는 매우 한시적인 상황일 뿐이다.

이것은 언론에서도 고쳐주었으면 하는데, 펀딩과 투자, 코스닥 상장은 기업가나 회사 입장에서 보면 일의 시작에 불과하다. 그리고 몇 년 후에 펀딩된 자금으로 건전하게 기업을 육성, 영업이익을 많이 내는 회사를 만드는 것이 기업가들의 목표다. 그러나 언론은 물론 일반 국민들까지도 상장하면 기업가나 회사가 바로 떼돈 벌었다고 생각하는 경향이 있다. 일반 국민, 언론, 일부 벤처기업가들에게 이런 잘못된 인식들이 계속 잠재하고 있는 한 지금의 풍토는 바뀌기 힘들 것이다.

> 기업의 핵심은 내재가치와 성장률이며, 기업은 주당 영업이익이나 성장률 같은 요소로 평가받아야 한다. 코스닥에 등록해서 떼돈을 벌었다거나 돈방석에 앉았다는 말은 모순이며, 또 이는 매우 한시적인 상황일 뿐이다.

그리고 제도적으로도 보완되어야 할 점이 있다. 주식시장에 들어가기는 어려운데 들어간 다음에는 퇴출이 쉽게 되지 않은 방식은 빨리 고쳐져야 한다.

벤처기업과 정부의 역할

현 정부가 들어선 후 한동안 벤처기업 육성책만큼 눈부시게 발전한 정책도 없을 것이다. 정부 각 부처별로 자금 지원, 규제 완화 등의 벤처기업 지원책이 경쟁하듯이 쏟아져 나왔다. 그러나 마련된 지원책의 성과 못지않게 부작용도 많이 발생하였다.

먼저 정부에서 대폭적으로 예산 배정은 했지만, 벤처기업을 평가하거나 기금을 관리하는 데 필요한 인력과 자금은 턱없이 부족했다. 그러자 기술성과 사업성을 제대로 평가할 수 있는 전문인력이 없는 상태에서 거액의 자금을 무분별하게 투입하게 되어 벤처기업만 무수하게 늘어나는 결과를 낳았다.

따라서 앞으로는 정부에서도 벤처기업을 지원하는 정책을 세울 때 양적인 부분에 초점을 맞추어서는 곤란할 것이다. 벤처기업을 몇 개 만든다는 식의 인위적인 목표는 실효성이 없을 뿐만 아니라 자칫 부실한 벤처기업을 양산하기 쉽기 때문이다.

정부에서 벤처기업을 지원하는 목적은 첨단 산업 분야에서 경쟁력 있는 기업을 많이 만들어서 국가경제를 발전시키려는 데 있을 것이다. 따라서 벤처기업을 만드는 것 자체가 정책 목표가 되어서는 안 되며, 경쟁력 있는 건실한 벤처기업을 만드는 것을 목표로 삼아야 할 것이다.

엄격한 심사를 거쳐서 대상자가 없을 때는 과감하게 지원을 하지 말아야 할 것이며, 기준에 미달하는 경우에는 그냥 탈락시키고 말 것이 아니라 어떤 부분을 보완해야 하는지를 자문해 주고 다시 신청할 수 있는 기회를 줌으로써 제대로 된 벤처기업을 설립할 수 있도록 도와주어야 한다. 그나마 정부가 대여에서 투자로 정책을 전환한 것은 다행스러운 일이다.

한 정부 관계자가 '정부가 해야 할 일은 산중턱에 좋은 자리가 있으면 도로를 닦아주고, 청소부를 고용해서 청소하고, 경찰관을 동원해서 범죄조직이 들끓지 않게 하면서 터를 닦는 일'이라고 말한 적이 있다. 정부가 가게를 세울 돈을 직접 빌려주는 일은 하지 말아야 한다는 의미이다. 정부가 정말 해야 할 일은 도로나 터를 닦는 인프라 구축이고, 투명한 경영제도를 지원하는 것이다. 아울러 벤처기업을 위한 아웃소싱 업체들을 활성화한다면 우리나라의 벤처기업들은 더 큰 경쟁력을 갖출 수 있을 것이다.

> '정부가 해야 할 일은 산중턱에 좋은 자리가 있으면 도로를 닦아주고, 청소부를 고용해서 청소하고, 경찰관을 동원해서 범죄조직이 들끓지 않게 하면서 터를 닦는 일'

7부

새로운 모험가를 위한 벤처 클리닉

열심히 일한 결과물로 벤처기업이 탄생하는 것이 가장 근본적인 흐름이며,
기업 설립 자체가 목표가 되어서는 안 된다.

벤처기업의 출발점

　벤처기업을 시작할 때 무엇에 유의해야 하는지에 대해서 내가 말할 자격이 있는지 주저된다. 출발 당시의 상황만 놓고 본다면 나는 오늘날 벤처 창업자들에 비해 최적의 벤처기업 모델을 만들었다고는 생각하지 않기 때문이다. 오히려 나는 매우 서툴렀다.
　그러나 내가 실패에서 얻은 것이든 성공에서 얻은 것이든, 이것이 또 다른 도전자에게 참고할 만한 기록으로 전해지기를 기대하며 우리 회사의 경험을 토대로 벤처기업 설립기와 성장기에 유의할 점에 대해서 이야기하려고 한다.

　외국에서 유행한 것이 우리나라에서 기형적으로 변형되어 유입되는 경우가 있는데 벤처기업에도 그런 요소가 있다. 미국의 경우 대부분의 벤처기업은 기술자들이 열심히 일하다보니까 아이디어가 떠올라 자연스럽게 그것을 상품화하면서 회사가 만들어지는 것이 일반적이다.

그런데 국내에선 이런 흐름이 생략된 채 벤처기업을 만들기 위해 회사를 설립하는 경우까지 보게 된다. 이것은 과정을 생략하고 결과에만 조급해하는 태도로, 바람직하지 않다.

무조건 좋아서 시작하는 태도도 경계해야 한다. 기술적인 기반이 취약한 상태에서 열의만으로 시작하지는 말라는 것이다. 경쟁력 있는 기술이 전제되고 거기에 열의가 더해져야 건실한 벤처기업을 키워나갈 수 있다.

또 벤처기업을 세울 때에는 어쨌든 나의 힘으로 회사를 궤도에 올려놓겠다는 의식이 필요하다. 나도 경험한 일이지만, 회사라는 것은 설립하기 전에는 뭐든 잘될 것 같은 느낌이 드는데, 막상 세우고 나면 문제점만 눈에 들어오는 속성을 가지고 있다. 그래서 시간이 지나면 설립 당시의 자신감은 수그러들고 자꾸 외부의 도움, 시장의 우호적인 변화를 바라는 마음이 생긴다.

벤처기업이 살아남을 수 있는 힘은 정부의 지원이나 펀딩에서 나오는 것이 아니다. 그런 것들은 벤처사업을 쉽게 할 수 있는 부분적인 환경만을 제공할 따름이며, 때로는 성장에 위험 요소로 작용하기도 한다.

그리고 벤처기업의 중요한 문화 중 하나인 다양성에 늘 주목해야 한다. 흔히 벤처기업을 시작할 때 다른 사람이 하는 일에서 출발하거나 전망이 좋다는 쪽으로 몰리는 경향이 있는데,

이는 바람직한 출발이 아니다. 되도록이면 그 누구도 진입하지 못한 새로운 분야를 찾고, 또 완전히 새로운 것이 아니더라도 틈새를 찾는 줄기찬 노력이 필요하다. 진지하게 찾아보면 새로운 것은 어딘가에 존재한다.

자신들의 행동과 전략을 되돌아볼 수 있는 좋은 지침서나 모델을 가지고 출발하는 것도 현명한 태도이다. 물론 주변의 경험담도 좋은 자료가 되지만, 이 분야의 검증된 책을 꼼꼼히 참조하는 것도 좋은 방법이다. 나에게는 존 L. 네쉼이 쓴 《*High Tech Start Up*》이 그런 책이 되어주었다.

사업계획서 만들기

　성공에 대한 열의, 기술력 못지않게 철저한 사업계획과 사업계획서도 중요하다. 사업계획서에는 회사설립, 성장, 수익모델과 관련하여 고려해야 하는 모든 요소가 치밀하게 집적되어 있어야 한다.
　물론 벤처기업의 경우는 성공 확률이 매우 낮기 때문에 충실한 사업계획서가 성공의 조건으로 직결되는 것은 아니다. 아무리 사업계획서에 철저를 기한다 해도 실패 가능성이 늘 따라다니는 것이 벤처사업의 한 특성이다.
　그럼에도 사업계획서 작성에 철저해야 하는 것은 두 가지 이유에서이다.
　첫번째는 사업계획서를 쓰면서 자신의 생각을 정리할 수 있고, 미처 생각하지 못했던 점들을 짚고 넘어감으로써 많은 점들을 새롭게 깨달을 수 있기 때문이다.

> 사업계획서는 근본적으로 자기 자신이 보려고 만드는 것이다.

두 번째는 사업을 해나가면서 많은 점들을 되돌아보고 배울 수 있기 때문이다. 즉 성공한 경우 철저한 사업계획서는 자신들이 성공한 이유를 가장 정확하게 설명해주는 근거가 되기 때문에 향후 더 큰 성공을 반복시킬 수 있는 힘이 된다. 실패를 했을 경우에도 사업계획서는 매우 유용하다. 사업계획서를 통해 실패의 분명한 이유를 알게 됨으로써 향후 실패의 반복에서 벗어날 수 있는 지혜와 전략을 마련할 수 있는 것이다.

사업계획서는 낙관적으로 만들지 말아야 한다. 벤처기업을 시작하는 사람 중에는 투자자를 위해 사업계획서를 만드는 경우도 있는데, 이는 매우 잘못된 것이다. 심지어 투자를 받자마자 사업계획서는 아예 팽개치고 엉뚱한 일을 벌이는 경우도 있다. 사업계획서는 근본적으로 자기 자신이 보려고 만드는 것이다. 투자유치에만 골몰하면 그 사업계획서에는 진실성이 없게 된다.

내가 본 좋은 사업계획서 모델 중 하나가 맥킨지가 독일 뮌헨 시에서 사업계획서 경진대회를 하면서 만든 것인데, 여기에는 정교한 체크 리스트가 있다. 또 체크 리스트상에서 빠진 것이 없는지를 검증할 수 있는 정교한 설문이 곁들여 있다. 이 정도 수준의 사업계획서라면 경영마인드가 부족한 사람이라도 자신이 빠뜨린 것과 해야 할 우선순위를 분명하게 발견할 수 있을 것이다.

그런데 사업계획은 한 번 만들면 끝이 아니라 사업을 진행하면서 끊임없이 갱신해야 한다. 왜냐하면 기업활동은 아무리 규모가 작더라도 수시로 상황이 바뀌고 새로운 변수가 나타나기 때문이다. 또 사업 시작시에는 가정사항으로 남겼던 것들이 실제로 맞는지도 살펴보고 확인해야 한다. 그러므로 창업 동료들이 있으면 그것을 끊임없이 크로스 체킹해야 한다. 사업계획서를 계속해서 검토, 수정, 보완하며 일을 진행시켜 나가면 실패 확률은 그만큼 줄어들게 된다.

그리고 일단 사업을 시작했을 때는 최선을 다해 시장을 뚫어야 한다. 이때 자리가 잡히지 않는다고 딴 데로 관심을 돌린다면 차라리 그 회사를 접는 편이 낫다. 다른 곳에 눈을 돌리는 것은 회사가 어느 정도 정착된 단계에서 시도하는 것이 바람직하다.

> 사업계획은 한 번 만들면 끝이 아니라 사업을 진행하면서 끊임없이 갱신해야 한다. 왜냐하면 기업 활동은 아무리 규모가 작더라도 수시로 상황이 바뀌고 새로운 변수가 나타나기 때문이다.

사람 중심의 창업

벤처기업을 세우기로 결심하고 행동을 개시할 때에는 앞서 말한 것 외에도 아이디어, 자금 등 중요한 요소들이 무척 많다. 그런데 그 중에서 가장 중요한 것은 사람의 문제이다.

우선 비전, 가치관이 맞는 사람들이 모여야 한다. 단 두 사람이 의기투합해서 사무실을 열었다 하더라도 이는 마찬가지다. 가령 한 사람은 일 자체의 성취가 우선이고, 한 사람은 돈이 우선이라면 이것은 조화로운 출발이 아니다.

이 부조화는 처음에는 문제가 없을지 모르지만 언젠가는 문제를 야기하고 만다. 이를 방치할 경우 기업의 장기적인 성장을 가로막는 장애물이 되기도 한다.

어떤 가치관을 가지고 있는가는 일단 중요하지 않다. 또 모름지기 창업정신은 이러이러해야 한다는 왕도도 없다. 그러니까 돈을 많이 벌겠다는 것이 지상과제가 되어도 그건 그 회사

나름대로 어쩔 수 없는 일인 것이다. 그렇지만 여기서도 전제가 되어야 할 것은 돈에 대한 가치관이 창업자들끼리 맞아야 한다는 점이다.

이 부분에서 나는 복 많은 사람이다. 창업시기에 합류한 우리 회사 사람들은 당시 명확하게 규정된 비전이 없었음에도 공통된 가치체계로 연결되어 있었다. 그것은 의미있는 분야에 뛰어들어 회사발전과 자기발전을 함께 조화시켜 나간다는 가치였다. 초창기에 합류한 사람들이 백신 무료 공급 등 회사의 배경과 취지에 공감했기 때문에 가능한 일이었다.

이러한 공통의 가치가 바탕에 깔려 있었기에 하루하루 회사 유지를 걱정해야 하는 상황이 몇 년 넘게 이어졌지만 그것이 사소한 불편과 불안감으로만 작용했지 암담한 좌절로 이어지지는 않았다. 이건 네 일, 이건 내 일이라는 식의 타산도 생겨나지 않았다. 그리고 함께 회사의 장래를 생각하는 문화가 형성될 수 있었다.

사람 문제에 있어서는 재능의 균형도 필요하다. 우리는 흔히 독불장군이 되어서는 안 되며, 사람은 혼자서 모든 일을 다 잘 해낼 수 없다고 말한다. 이것은 벤처설립기에도 꼭 기억해야 할 요소이다. 아무리 적은 인원으로 출발했을지라도 자기의 단점을 보완할 수 있는 인적 균형을 늘 염두에 두어야 하는 것이다.

나는 가장 바람직한 창업 형태는 기술을 보는 사람과 시장을 보는 사람이 각각 존재해서 균형을 취하는 형태라고 생각한다. 흔히 이러한 균형은 설립단계가 아니라 정착, 성장단계에서 중요한 요소로 인식되고 있는데 나는 이 점이 빠르면 빠를수록 좋다고 생각한다.

이미 정형화된 이론이지만, 벤처기업의 태동단계에서 기술자가 경영까지 맡는 것은 바람직하지 않은 모델이다. 내가 이 점을 강조하는 것은 나 자신도 이런 오류에서 일정기간 자유롭지 못했기 때문이다. 그런데 많은 사람들이 기술만을 믿고 시장을 등한시했다가 실패하였다.

그래도 다행인 것은 요즘 벤처를 시작하는 사람들은 이러한 균형을 매우 중요하게 생각하고 있고 적극 실천하고 있다는 점이다. 우리나라의 초창기 벤처기업 문화를 생각하면 이것은 매우 긍정적인 변화이다.

사람 문제에 있어 창업자의 끊임없는 자기 검증도 중요한 요소이다. 창업자의 입장에서 유능한 사람을 불러들이는 것을 자신의 주도적인 영역이 좁아드는 것으로 생각한다면, 그것은 불필요한 집착에 불과하다. 또 지금까지 어쨌든 꾸려왔는데 어떻게 되겠지 하는 생각도 회사의 건강한 발전을 가로막을 수 있다. 그런 의미에서 철저하고 겸허한 자기 검증은 벤처기업 창업자에게 요구되는 또 하나의 능력이다.

이러한 자기 검증은 설립단계를 지나 정착단계에 들어가서는 더욱 집요하게 시도되어야 한다. 좀더 극단적으로 말한다면 비록 내가 세운 회사지만 더 크게 성장시키는 데 있어 내 능력이 모자란다고 생각하면 회사를 위해 물러나는 것이 현명하다. 나 또한 그렇게 생각하고 있고, 만약 실제로 그런 순간이 온다면 기꺼이 그렇게 할 것이다. 왜냐하면 현실과 유리되어 자기 집착에 사로잡힌다면 결국 회사도 소멸하고 거기에 속한 사람들도 상처를 입기 때문이다.

> 비록 내가 세운 회사지만 더 크게 성장시키는 데 있어 내 능력이 모자란다고 생각하면 회사를 위해 물러나는 것이 현명하다. 나 또한 그렇게 생각하고 있고, 만약 실제로 그런 순간이 온다면 기꺼이 그렇게 할 것이다.

마지막으로 강조하고 싶은 것은 아무리 작은 회사라 할지라도 늘 투명해야 한다는 것이다. 벤처기업 설립기에는 회사의 규모가 아주 작기 때문에 공과 사가 불명확할 때가 있다. 그러나 나는 건강한 벤처기업의 토대는 이때부터 만들어져야 한다고 생각한다.

그러려면 일단 설립자부터 회사 돈과 자기 돈을 철저히 구별해야 한다. 물론 투자를 받지 못하고 자기 자본으로 사업을 시작한 경우라면 자기 주머니에서 모든 돈이 나가야 할 것이다. 그러나 설령 자기 주머니에서 집행되는 돈이라 하더라도 그것이 회계상에 잡히는 것이라면 자기 돈으로 생각하지 않는 자세가 필요하다. 즉 자기가 쏟아부은 돈도 자기 주머니를 나가는 순간부터 공금이라고 생각해야 한다.

펀딩을 받은 상태라면 더 조심해야 한다. 왜냐하면 그 돈은 내 돈이 아니고 남의 돈이며, 또 영업활동을 통해 번 돈이 아니라 수익을 빨리 내라는 무언의 압력이 담긴 '무거운 돈'이기 때문이다. 무거운 돈은 어떤 경제행위에서든 늘 짐이 된다는 사실을 기억해야 한다.

   그러므로 단돈 1원이라도 투자받은 돈은 가볍게 처리해서는 안 되며 늘 그 앞에서는 두려운 마음을 가져야 한다. 벤처기업가의 금전적인 모럴 해저드는 투자된 자금을 얼마나 무서워하느냐 하지 않느냐에 달려 있다 해도 과언이 아니다. 이것을 기억하지 않으면 여러 사람을 불행하게 만들기 때문에 아예 벤처기업 CEO가 되는 것을 희망하지 말아야 한다.

정착기에 유의할 점

 창업 후 어느 정도 회사 시스템을 갖추게 되는 시기를 정착기로 정의한다면, 이때부터는 더욱 각별한 주의와 더 많은 노력이 뒤따라야 한다. 한국의 벤처기업 환경에서 창업은 보통 10명 이하의 사람으로 시작하게 되는데, 오히려 이 시작시기에는 가치관과 비전을 공유하기가 그나마 쉬운 편이다. 그러나 사람 수가 하나둘 늘어나는 정착기가 되면 그 회사의 핵심가치나 공유하는 가치관은 성장논리에 밀려 흐릿해지기 쉽다.

 그러나 직원 수가 늘어나더라도 절대 흐트러져서는 안 되는 것이 그 기업만의 문화, 내재하는 공통의 가치체계이다. 그것이 핵심가치로 체계화, 명문화되어 있지 않더라도 우리는 함께 무엇을 지향한다는 공통된 마인드 맵이 있어야 한다.

 해야 할 일은 늘어나고, 회사 시스템은 갖춰야 하는 시기이므로 많은 벤처기업가들은 이때 사람을 충원하는 것을 서두르게 된다. 그러나 정착기에 사람을 재빠르게 충원하는 것이 능사는 아니다. 그 사람의 가치관과 능력을 꼼꼼히 검증하면서 신중하게 채용하는 것이 일시적인 인력 수급 차질과 업무 불편을 불러오더라도 더 현명한 방법이다.

또 이 시기가 되면 기존의 창업멤버들이 회사의 발전 속도에 뒤처지지 않도록 신경쓰는 것도 중요하다. 만약 그런 사람이 생겨나면 그것은 개인과 회사의 발전에 전혀 도움이 안 되므로 인내심을 가지고 그가 새로운 변화에 적응할 수 있도록 기회와 동기를 부여해야 한다.

아울러 정착기에 팀워크를 유지하고 사원들과 신뢰관계를 이어가려면 성장의 속도에 맞춰 생겨나는 이익을 공정하게 나누어주는 것도 매우 중요하다. 어차피 직원들도 다 같은 사람이므로 분배에 대한 불명확한 기준은 인재의 유출, 동료의식 증발로 나타나게 된다.

일부 벤처기업을 보면 정착단계에서 사람들이 자주 갈리는 경우가 있다. 임원을 영입할 경우 그의 곁가지로 사람이 들어오는 경우도 있다. 이것은 아무리 작은 조직이라 하더라도 바람직하지 않다. 개개인의 능력보다 더 소중한 것은 삶과 일과 회사를 바라보는 그 사람의 가치관인데, 그것에 대한 철저한 검증없이 회사의 성장 속도에만 맞추어서는 안 되는 것이다. 이때 가장 조심할 것은 CEO이다. 자기와 연고가 있다는 이유로 사람을 데려오는 것도 경계해야 할 일이다. 벤처기업에서 가장 소중한 연고는 학교도 지역도 아닌 비슷한 가치관에 근거한 인간적 신뢰관계이다.

성장에 취하지 않는 것도 이 시기에 필요한 CEO의 덕목이다. 나는 개인적으로 과거에 아무리 성공한 벤처기업가라 할지라도 다시 벤처기업을 시작한다면 골방이나 차고에서부터 출발하는 것이 벤처의 본질이라고 생각한다. 과거의 성공은, 과거의 대접은 다 과거사일 뿐이다. 실제로 내가 아는 CEO 중에도 초심으로 다시 시작하는 분들이 꽤 되는데, 참으로 존경스럽다.

업무적으로는 이 시기에 현재와 미래의 핵심역량을 개발하는 것이 무척 중요하다. 여기서 핵심역량이란 기술적인 역량에 국한되지 않고 관리역량까지를 포함하는 개념이다.

우리 회사의 경우 30명 정도의 규모가 되자 역할과 업무에 대한 체계화된 시스템이 절실해졌다. 즉 내부 문서 매뉴얼화, 영업 시스템, 인당 매출에 따른 효율성 측정, 제안서 쓰는 법, 제품과 관련된 시스템 셋업 등 해야 할 일이 너무나 많았다.

관리역량을 강화하는 좋은 방법 중의 하나는 그 회사에 유능하고 정직한 CFO(Chief Financial Officer : 최고재무임원)를 영입하는 것이다. 벤처기업이 성장하기 위해서는 CFO의 존재는 꼭 필요하다. 그런 사람이 내부에 있다면 다행이겠지만 없다면 최대한 빨리 내부로 끌어들여야 한다.

> 벤처기업에서 가장 소중한 연고는 학교도 지역도 아닌 비슷한 가치관에 근거한 인간적 신뢰관계이다.

> 벤처기업의 구조조정은 위기 상황에서 행해지는 긴급조치와 같은 것이어서는 안 된다. 바람직한 구조조정 모델은 그 회사가 성장해가는 기업이라면 6개월에서 1년 정도의 간격을 두고 지속적으로 이루어져야 하는 비즈니스 플랜으로서의 구조조정이다.

아울러 마케팅에도 더 신경을 써야 한다. 설립기에는 기술과 현실에 적용가능한 사업모델이 무척 중요하지만, 정착기에는 이것이면 다 된다는 환상주의를 경계해야 한다. 초기 시장은 기술 싸움이지만, 어느 정도 궤도에 진입하면 브랜드 이미지와 마케팅도 중요한 요소가 되기 때문이다.

또 영업전략, 유능한 영업사원의 채용과 훈련이 이 시기에 매우 중요하다. 기술자가 만든 벤처기업이 가장 고전하는 분야가 바로 영업이다. 나의 경우도 그랬는데 영업이 얼마나 중요한 것인지를 처음에는 잘 몰라 심지어 영업을 R&D의 지원파트 정도로만 생각하기도 했다. 정착기의 시장은 성숙기에 비하면 예측이 힘들다. 그러므로 영업, 마케팅에서는 계획, 가정, 집행, 주시, 수정 등이 매우 원활하게 이루어져야 한다. 그런 점에서 우리 회사는 1997년의 경우 이 사이클에 매우 느리게 대처했고, 그 결과 목표 매출액을 이루지 못하는 결과를 내고 말았다.

성장에 발맞춰 지속적인 구조조정을 하는 노력도 필요하다. 벤처기업이라면 회사의 성장과 구조조정은 동의어이다. 다행히 요즘은 벤처기업이 한창 성장할 때 호흡을 고르고 구조조정을 하는 것이 어느 정도 상식처럼 되어 있는 것 같다.

벤처기업의 구조조정은 위기 상황에서 행해지는 긴급조치와 같은 것이어서는 안 된다. 바람직한 구조조정 모델은 그 회사가 성장해가는 기업이라면 6개월에서 1년 정도의 간격을 두고 지속적으로 이루어져야 하는 비즈니스 플랜으로서의 구조조정이다.

물론 여기서 구조조정이란 인원 감축을 통한 관리비 절감만을 의미하지 않는다. 불필요한 업무를 줄이고 핵심역량 강화 차원에서 외부로 돌릴 것은 과감하게 돌린다는 의미이다.

수시로 자기 회사의 시장 포지션에 대해 재정의를 내리는 것도 대단히 중요하다. 우리 회사의 경우도 지난 6년 동안 정기적으로 회사의 포지션에 대한 재정의를 내려왔다. 시장상황이 변화할 때마다 회사의 위치는 상대적일 수밖에 없기 때문이었다. 이러한 포지션 정의는 정기적으로 반드시 이루어져야 하는데, 이러한 점검을 통해서만이 새로운 비즈니스 모델이 만들어지고 기존의 비즈니스 모델을 개선할 수 있다. 이때 비즈니스 모델을 위한 새 조직체계가 필요하다면 조직개편도 해야 한다.

우리나라에서는 구조조정을 경쟁에서 밀렸을 때 시행하는 것으로 여기는 경우도 많은데 이 같은 인식은 바뀌어야 한다.

사업의 규모가 점점 늘어나면서 자금 수요가 더 많아지는 것도 이 시기이다. 이때 실수를 하지 않으려면 사업계획에 기반한 철저한 펀딩 계획을 세워야 한다. 막연한 불안감을 떨치려고 일단 빌리고 보자는 태도는 바람직하지 않다.

자금 조달에는 원칙에 근거한 분명한 당위성이 필요하다. 왜, 언제, 얼마나, 어떻게, 누구에게서 등을 꼼꼼히 짚어야 하는 것이다. 이런 내용이 전제된 상황에서 가장 적절한 시기, 가장 적절한 규모의 펀딩 계획이 수립되어야 한다.

  가장 중요한 것은 '적절한 시기와 규모'에 대해 엄정한 객관성을 확보하는 일이다. 불필요한 때에, 불필요한 규모로 펀딩을 받으면 그것은 되레 성장에 짐이 된다. 투자받은 자금이 그 회사의 경영환경에 과할 경우 자금효율은 급격히 떨어지기 때문이다.

발전기에 유의할 점

　벤처기업이 발전기에 이르렀다는 것은 우리의 벤처기업 현실에서는 규모가 중견기업화되고 상장까지 염두에 두는 상황에 도달한 것을 말한다. 미국의 경우는 벤처기업 중에 주식 시장에 상장되는 확률이 1만분의 1이라고 하니, 여기까지 도달하는 것만으로도 일단 한 단계를 뛰어넘은 셈이다.
　그러나 이것이 기업의 생존을 보장해주는 것은 아니다. 실제로 성장기에 들어서면 외부 경쟁자와의 경쟁은 더욱 심화되며, 잠시라도 방심하다가는 생과 사의 갈림길에서 지금까지의 성과가 한순간에 수포로 돌아가는 경우가 생길 수 있다.
　시장이 대폭적으로 커지는 시기에 확실하게 발전하려면, 경쟁업체를 확실하게 눌러야 한다. 본질적으로 경쟁은 우호적이지 않다. 그것은 아무리 건전한 경쟁일지라도 마찬가지다. 그러므로 실력과 전략에서는 상대를 조금도 봐주지 말아야 한다. 아무리 좋은 가치를 가지고 태어난 기업이라 하더라도 이 경쟁에서는 절대 밀리면 안 되며 경쟁자를 철저하게 누르고 확고한 1위로 올라서야 하기 때문에 전쟁을 치르는 기분으로 경쟁에 임해야 한다.

경쟁자는 하나가 아니라 둘 또는 그 이상이 될 수도 있는데 각 경쟁업체의 취약요소가 무엇인지 파악하고 각각의 취약점에서 전략적 우위를 최대한 빨리, 확고하게 선점해야 한다. 이 과정에서 살아남는 경쟁자가 있다면 매우 생산적인 라이벌이 된다. 그리고 이런 경쟁의 과정 속에 고객은 많은 혜택을 얻게 된다.

이때 어떤 전략을 짤 것인지는 각자의 몫이다. 나의 경우는 이런 시장 환경에 대한 경험이 없었는데, 제프리 무어의 《Inside the Tornado》 같은 책을 보면서 많은 것을 얻었다. 여기에는 시장의 확대에 맞춘 매우 공격적이고도 유효한 경쟁 전략이 있었다.

또 발전기는 창업 때부터 지켜온 가치관이 매우 큰 힘을 발휘하는 때이다. 시장이 커지고 회사가 성장함에 따라 일의 양은 폭발적으로 늘어나게 마련인데, 구성원간의 철학과 목표가 맞지 않으면 그러한 업무압력을 이겨내는 동기부여가 안 될 수도 있다. 우리 회사의 경우 이 시기엔 모든 사람이 비상대기 상태로 정신없이 일했는데, 그런 상황이 오래 지속되었음에도 일에 대한 불만보다는 일관된 호흡으로 성장의 시기를 거쳐갈 수 있었다.

　이때 사람들의 가치관이 중요한 또 하나의 이유는 성장의 열매를 두고 신뢰가 깨질 수 있기 때문이다. 분명한 원칙하에 CEO부터 말단직원까지 성장의 열매를 각각의 기여도에 따라 공정하게 나누려는 자세가 중요하며, 이와 동시에 일시적인 성공에 CEO가 변한 모습을 보여서도 안 된다. 대신 CEO는 일시적인 명성에 도취됨 없이 더욱더 회사 발전에 자기 리소스를 집중해야 한다.

　그러므로 이 시기에도 벤처기업가는 초심을 잃지 말아야 한다. 나는 한참 어렵게 고생해서 벤처기업을 성장시키고는 이 단계에서 변하는 사람을 더러 보았고, 그래서 나 자신도 그렇게 되는 것을 아주 경계했다.

　이 시기에는 더 큰 성공에 대한 조급한 마음도 금물이다. 특히 이 단계에서 주식 상장으로 달려가는 경우가 흔한데, 누누이 강조하지만 상장이 성공의 보증수표는 절대 아니다. 상장은 회사의 성장과정에서 적절한 시기에 이루어져야 한다.

　성장기에는 돈 관리에 있어서도 더욱 엄격한 제도와 실천이 필요하다. 본능적으로 회사로 돈이 많이 들어오면 관리의 긴장이 느슨해질 가능성을 피할 수 없다. 이런 상황에서는 내부 관리를 더욱 엄격하게 해야 하며, 아울러 좋은 가치관과 능력을 가진 CFO를 적극 활용하여야 한다.

　이 시기에는 권한의 대폭적인 위임도 중요하다. 그럴 여유

> 이 시기에는 더 큰 성공에 대한 조급한 마음도 금물이다. 특히 이 단계에서 주식 상장으로 달려가는 경우가 흔한데, 누누이 강조하지만 상장이 성공의 보증수표는 절대 아니다.

가 없는 점도 있었지만 나의 경우 1999년 전까지는 CEO, CTO(Chief Technology Officer : 최고기술임원), CFO의 일을 혼자 도맡아해야 했다. 1998년 당시 순이익이 5억 원 정도가 되었을 때 나는 이제 전문가가 필요하다는 생각을 하였다. 당시 내 기준에서 재무를 총괄할 사람은 일단 돈에 대해서 투명한 사람이어야 했고 불의와 타협하지 않는 사람이어야 했다. 능력은 그 다음 고려요소였다.

나는 적어도 본인이 정의의 기준에서 옳다고 판단이 서면 CEO가 아무리 우기더라도 '노!' 라고 말할 수 있는 청렴성을 갖춘 사람이 어느 벤처기업이든 필요하다고 생각한다.

재무 외에 회사 관리의 최소 인프라라 할 수 있는 인사 담당자도 적당한 사람이 없다면 빨리 영입해야 한다. 물론 그 또한 공정한 기준을 갖춘 사람이어야 한다.

또 발전기에는 고객들에게나 시장에서 회사의 이름이 알려지게 되므로 홍보, IR(Investor Relations)에도 신경을 써야 한다. 상장을 겨냥한다면 특히 더 그렇다. 이 시기의 이미지 관리와 관련해서는 절대 마케팅 논리로만 접근하지 말라는 당부를 하고 싶다. 매사가 마찬가지지만 가장 강력한 홍보 도구는 그 기업의 기술, 상품, 서비스에서의 경쟁력이다. 그러므로 자기 회사의 베이스와 유리된 홍보전략은, 실체는 없는데 탈을 쓰고 있는 것과 다름없는 일이다. 그러한 탈은 '잔치' 가 끝나면 언젠가 벗겨지게 되어 있다. 간혹 주변에서 실력은 따라주지 않는데 홍보에 매달리고 이미지를 조작하는 기업들을 볼 수 있다. 그러나 이런 기업들은 오래가지 못한다는 공통점이 있다.

  요약하자면, 일시적인 성공은 말 그대로 일시적인 것임을 기억하자. 일시적인 성공은 늘 치명적인 실패의 원인이 되기도 한다.

  대기업이든 벤처기업이든 매우 유명했던 기업들이 어느 날 갑자기 쇠퇴하는 것도 모두 여기에서 기인한다. 지난날의 성공이 새로운 도약의 발목을 잡지 않게 하려면 CEO부터 마음을 가다듬어야 한다.

벤처기업의 속성

사전에서는 '벤처기업'을 '대기업이 착수하기 어려운 특수한 신규 수요 부문에 도전하는 연구 개발형 모험회사'라 하고 있다. 이것은 벤처기업의 형태와 가능성에 중점을 둔 정의이며, 그 속에 내재된 속성을 다 보여주는 것은 아니다. 사전적 정의보다 더 중요한 것은 그 속에 숨겨진 다음과 같은 속성들이다.

고위험성

현실적으로 가장 먼저 주목해야 할 벤처기업의 속성은 고위험(High Risk)이다. 벤처라는 꼬리표는 절대로 성공의 보증수표가 아니다. 실제 외국에선 벤처기업을 굉장히 위험성이 높은 기업으로 평가한다. 성공할 확률보다 망할 확률이 훨씬 높음에도 한때 우리는 벤처를 성공의 보증수표인 양 오해하였다. 벤처기업은 말 그대로 큰 위험성과 불확실성을 담보로 미지의 가능성에 도전하는 기업이다. 벤처기업이 성공하기까지에는 수많은 난관이 있으며, 실제로 성공하는 벤처기업 수는 그렇게 많지 않다. 단, 성공하면 그 기업은 몇십 배, 몇백 배 이상의 고부가가치를 창출하게 된다.

과정성

벤처기업의 또 다른 속성은 좋은 아이디어와 열심히 일하는 것 자체가 목적이라는 점이다. 정직하게, 열심히 일하는 게 목적인 동시에 사안의 본질이고, 여기에 곁들여 결과적으로 돈을 버는 일이 생겨야 한다.

그러므로 열심히 일한 결과물로 벤처기업이 탄생하는 것이 가장 근본적인 흐름이며, 기업 설립 자체가 목표가 되어서는 안 된다. 그리고 기업의 설립은 최소한의 프로토타입의 제품이라도 개발해서 아이디어에 대한 검증을 거치고 기본적인 시장 조사를 마친 상태에서 고려해야 한다. 이러한 과정 없이 주먹구구식 의사결정을 통해 기업을 만드는 것은 기초도 없이 다리를 올리는 것과 다를 바 없다.

절박성

벤처기업의 또 하나의 속성은 선택의 절박성이다. 사업을 하면서 '잘돼야 할 텐데' 하는 생각을 먼저 해서는 안 되는 것이 벤처기업이다. 이보다는 '살아남아야 한다'는 생각을 해야 한다. 이렇게 생각하면 어떤 결정을 할 때마다 반드시 생존의 문제와 결부시키게 된다. 늘 긴장하고 신중하게 되며 이러한 가운데 그 기업은 생존게임에서 살아남을 수 있는 자생력을 조금씩 갖춰나갈 수 있게 된다.

벤처기업이 어느 정도 성장한 후에도 이는 마찬가지여서 신규분야에 진출할 때도 이런 마인드를 계속 유지해야 한다. 즉 '우리가 자본력이 없더라도 반드시 해야 하는 분야인가' 하고 수없이 자문해본 다음 투자를 하고 사업을 넓혀나가야 하는 것이다.

벤처기업과 위기관리

　벤처의 속성과 관련하여 많이 오해하는 부분이 있다. 그것은 위기에 대한 안일한 인식이다. 가볍게만 생각한다면, 벤처기업에게 위기란 한편으론 기회를 뜻하는 것이기도 하며, 위기를 무릅쓰지 않고서는 성공할 수 없는 면도 있다.

　이러한 관점에서만 접근하면 자칫 벤처기업과 위기관리는 서로 큰 관련성이 없다고 생각할 수도 있다. 그러나 벤처기업이라고 할지라도 경영자 입장에서 위기관리는 필수적인 것이라고 생각한다.

　특히 CEO는 내부적으로 가장 좋지 않을 경우를 가정해서 관리하고 조직을 정비해야 한다. 영업활동이나 투자를 통해서 자금의 여력이 생겼을 때는 무조건 인력을 충원할 것이 아니라 사무 효율을 높일 수 있는 시스템 구축에 우선적으로 투자를 하고, 고정 비용을 줄일 수 있는 방안을 먼저 강구해야 한다. 또 아웃소싱을 적극적으로 활용할 수 있는 방법을 찾아야 한다.

예를 들어 자금 여유가 생긴다면 자기 방부터 넓혀서는 안 되며, 좀더 속도 빠른 업무기기를 구매하거나, 부서마다 프린터나 팩스 등을 갖추어서 동선을 최소화하거나, 팩스 서버나 그룹웨어를 도입하는 등 업무 효율을 높이고 핵심역량을 강화할 수 있는 시스템 투자를 우선적으로 해야 한다. 또 사무실 임대비용을 월세 대신 전세로 바꿔서 고정비용을 줄이는 것도 자금 여유가 있을 때 우선적으로 해야 한다.

이런 관점에서 벤처기업이 사옥을 짓거나 부동산을 구매하는 것은 금물이다. 그러한 것에 투자하다가 어려워지는 회사를 많이 보았다. 이론적으로도 부동산을 가지고 있으면 고정비용이 증가하고 자금 유동성이 떨어져서, 위기가 닥쳐왔을 때 대처할 수 있는 운신의 폭이 좁아진다. 회사는 사옥의 크기나 화려함보다는 재무제표가 모든 것을 대변해주는 것이다.

물론 부동산을 구매하더라도 자금 유동성에는 아무런 문제가 없을 경우에는 예외이겠지만, 그 정도 규모의 회사라면 이미 벤처기업이라고 보기 힘들 것이다.

관리 측면 외에 제품 개발 측면의 위기관리도 중요하다. 지금 보기에는 영속적인 제품처럼 보일지라도, 모든 제품에는 수명이 있을 수밖에 없다. 따라서 미리 대비를 하지 않고 현재에 안주하는 기업은 제품의 수명이 다하는 것과 함께 사라질 수밖에 없다.

  이와는 반대로 무조건적인 문어발식 확장도 곤란하다. 새로운 제품을 개발하거나 새로운 영역을 개척할 때는 현재의 강점을 잘 활용할 수 있고 서로 시너지 효과가 날 수 있는 것을 신중하게 선택해서, 철저한 시장조사와 사업계획하에 전략적으로 접근해야만 한다.

  이러한 위기관리를 통해서 재정비된 기업은 만약 경기가 침체되거나 일시적으로 어려움을 겪더라도 살아남을 수 있는 자기 복구력을 갖추게 되며, 다행히 경기가 호전되거나 영업활동이 성공할 경우에는 더 큰 이익을 창출할 수 있을 것이다.

아름다운 파트너십

　벤처기업이 전략적 제휴로 좋은 파트너를 만나는 것은 매우 중요하고 한편으론 어려운 문제이다. 나는 파트너 선정이 결혼을 할 때 배우자를 고르는 것만큼이나 정성을 들여야 하는 힘든 일이라고 생각한다.
　전략적 제휴시 고민을 아주 많이 해야 하는 이유는 전략적 제휴 차원의 파트너십은 일종의 화학적인 결합과 같은 것이어서 관계를 맺으면 서로가 생사를 같이하는 영향권 아래 들어가기 때문이다. 그리고 문제가 생겨 관계를 끊더라도 후유증이 오랫동안 남기 때문이다.

　파트너를 고를 때의 가장 중요한 판단기준은 상대의 가치관에서 나온다. 여기에는 돈에 대한 가치관, 기업활동을 하는 이유, 약속에 대한 책임감, 커뮤니케이션의 진실성 같은 것이 포함된다.

또 당장의 이익에만 내몰리지 않고 장기적으로 함께 발전하는 관계를 지향할 수 있어야 한다. 나의 이익만 추구하는 자세나, 내가 상대적으로 더 많이 얻고자 하는 마음에서 파트너십이 형성되면 그 관계는 언젠가 말썽이 생긴다. 가장 좋은 것은 철저한 공정함이다. 즉 서로가 공헌한 정도가 동일하다면 그 관계로 인해 가질 수 있는 이익은 50대 50이 되는 것이 가장 좋다. 만약 한쪽이 51을 가져가는 관계라면 이는 개선의 여지가 있다.

파트너의 능력도 중요한 결정요소가 되어야 한다. 제휴가 개인적인 친분관계에 의해 이루어져서는 안 되며 대신 서로에게 도움이 되는 객관적인 능력이 냉정하게 가려져야 한다.

다음은 거래관계를 명확하게 규정해줄 시스템이다. 계약서 같은 것들이 여기에 포함되는데, 아울러 역할구분도 명확하게 할 필요가 있다. 우리 회사의 경우 초창기에 이런 부분을 소홀히 했던 탓에 앨릭스에서와 같은 실수를 하게 되었으므로, 현재는 회사 기반이 초창기에 비해 매우 안정되었음에도 전략적 제휴 차원의 파트너 선정은 항상 조심하고 있다.

그런 점에서 2000년 말에 계약한 파이널 데이터와의 전략적 제휴는 중요한 실험이 될 것 같다. 이 회사는 총 12명으로 구성된 데이터 복구 소프트웨어 개발업체로, 기존의 사용하기 힘든 복구 프로그램과는 달리 손상된 데이터들을 초보자들도 간단하게 복구할 수 있는 소프트웨어를 개발하는 회사이다.

> **파트너를 고를 때의 가장 중요한 판단기준은 상대의 가치관에서 나온다. 여기에는 돈에 대한 가치관, 기업활동을 하는 이유, 약속에 대한 책임감, 커뮤니케이션의 진실성 같은 것이 포함된다.**

우리는 연구기능 중심의 이 회사 제품을 판매 대행하기로 했는데, 한마디로 디벨로퍼와 퍼블리셔 간의 전략적 제휴인 셈이다.

앞서 말한 요소 외에도 우리가 이 회사에 주목하게 된 결정적인 요인은, 이 회사의 제품이 우리의 주력상품들과 상호보완적 관계에 놓여 있다는 점이었다. 과거 '한글과컴퓨터'의 '훈글'과 '백신'은 상호보완적 제품이 아니었지만, 파이널 데이터의 제품은 상호보완적인 제품이기 때문에 우리가 일관되게 마케팅 계획을 세우고, 일관된 채널로 판매를 할 수 있다고 판단했던 것이다.

파이널 데이터는 연구에 전력을 다하고 우리 회사는 파이널 데이터의 회사 소개 책자를 비치해놓고 그들의 제품을 판매하고 있다. 우리 영업담당자들이 제품을 판매할 때 기울이는 노력은 우리 회사의 보안제품들에 대한 것과 차이가 없다.

이 파트너십은 우리가 상호보완적인 제품에 대해 퍼블리셔로서 역할을 잘할 수 있는지를 시험하는 좋은 계기가 될 것으로 보인다.

벤처기업가의 기업가 정신

벤처기업가는 아무리 자기 회사 규모가 작다 하더라도 기업가 정신을 지켜나가야 한다. 큰 규모의 고용 창출, 사회 공헌까지는 아니더라도 기업가 정신을 가지고 있다면 기업의 활동 결과로 '철저히 영업이익을 내는 것'에 충실하게 된다.

이익에는 영업이익과 영업 외 이익이 있다. 당연한 얘기지만 회사가 제대로 크려면 핵심역량을 강화하여 영업이익을 내는 회사가 되어야 한다. 벤처캐피탈을 만들어 다른 기업에 투자해서 영업 외 이익이나 특별이익을 얻는 경우를 보는데, 이것은 바람직하지 않다. 왜냐하면 벤처기업은 리소스가 부족하기 때문에 영업이익이 발생하면 한 푼이라도 아껴서 자신의 핵심역량 강화에 집중해야 하기 때문이다.

그러므로 핵심역량을 강화하는 쪽에 투자해야 하며 자기 사업과 관련이 없는 곳에 투자하는 것은 고려하지 않는 것이 좋

> 벤처기업은 혁신적인 경영풍토나 신속한 의사결정 문화가 큰 강점이다. 그런데 한동안 벤처기업들은 외형 확대 경쟁에 몰두했고 부풀리기 악습을 반복하였다.

다. 그러면 명예도, 돈도, 높은 주가(株價)도 따라오게 된다고 믿는다. 반대로 돈과 명예, 주가에 초점을 맞추면서 영업 외 이익에 몰두하다보면 사업을 단기적으로 끌고 갈 수밖에 없고, 장기적으로는 실패할 확률이 높아진다고 생각한다.

한국의 일부 벤처기업들이 실패한 이유 중 하나는 종래의 나쁜 경영풍조를 답습했기 때문이다. 벤처기업은 혁신적인 경영풍토나 신속한 의사결정 문화가 큰 강점이다. 그런데 한동안 일부 벤처기업들은 외형 확대 경쟁에 몰두했고 부풀리기 악습을 반복하였다. 외형만을 부풀리는 경영은 필연적으로 부실을 초래한다. 외형에 집착하면 수익성 여부와는 상관없이 몸집을 키워야 하기 때문이다.

예를 들어 국내 정보보안 시장은 2000년의 경우 연 1,000억 규모로 추정된다. 그런데 업계에서는 이를 3,000~4,000억 정도로 이야기를 했다. 업체들이 외형 매출 경쟁을 벌이면서 용역매출이나 서버판매까지도 보안시장에 포함시켰기 때문에 부풀려진 것이다.

그리고 다시 거론하고 싶지 않은 일이지만, 탐욕에 물든 경영자는 이제 다시는 나타나지 말아야 한다. 자금확보를 위해 경영자의 지분 중 일부를 파는 것은 문제가 아니다. 그러나 상장되기가 무섭게 대부분의 지분을 팔아버리는 경우는 사기라고 할 수 있다. 높은 주가는 그 회사의 미래에 대한 투자자들의 신뢰가 있기 때문에 가능한데, 경영자가 개인적인 치부를 위해 대부분의 지분을 팔아버린다는 것은 신뢰에 대한 배신이며, 회사가 잘못되더라도 자기만 피해를 안 입겠다는 극단적인 이기주의이다.

또 펀딩에 어려움을 겪자 투자유치를 위해 공신력 있는 업체와 전략적 제휴를 맺었다거나 해외진출을 했다고 허위사실을 퍼뜨리는 것도 정도경영에서 크게 어긋난 것이다.

그러므로 기업가 정신의 유지와 함께 벤처기업가는 돈과 관련된 모럴 해저드를 스스로 경계해야 한다. 공금과 자기 돈, 투자받은 돈과 영업이익을 철저히 구분해야 하며, 자기 지갑 속에 들어 있는 돈은 자기가 피땀 흘려 번 정당한 대가여야 한다.

마지막으로 벤처기업의 CEO는 투명한 경영을 하는 기업가를 지향해야 한다. 회사의 오너가 회사의 재산을 해외로 빼돌린다면 누가 믿고 투자하겠는가? 벤처기업에 이런 경영자가 등장해서는 안 된다.

8부

나의 작은 생각들

일을 할 때 내 능력에 비해 벅찬 경우도 많다. 내 수준에서 어려운 주제를 이해하고 쉽게 풀어쓰기 위해서는 당대의 천재들보다 두세 곱절 시간을 더 들여야 하는 것은 어쩌면 당연한 일인지도 모른다.

깨어 있는 한 순간이라도 헛되이 보내지 않겠다는 것은 앞으로도 내가 할 수 있는 유일한 방법인지도 모른다. 이것은 공연한 겸손이 아니라 분명한 사실이다.

진정한 비교의 기준

나는 다른 사람과 비교하는 것에 큰 의미를 두지 않는다. 특히 양적인 면의 비교에는 거의 가치를 부여하지 않는다. 다만 진정한 비교의 대상은 외부에 있는 것이 아니라 '어제의 나'와 '오늘의 나' 사이에 있는 것이라고 생각한다.

우리 사회가 안고 있는 여러 가지 문제점도 지나치게 남과의 양적인 비교에 골몰하거나 민감하기 때문에 생기는 것이 아닌가 생각한다. 심지어 군중심리나 유행현상의 부정적인 측면도 근본적으로는 타인과의 양적 비교에서 비롯된다면 지나친 생각일까.

정말로 우리가 비중을 두어야 할 것은 양적인 비교가 아닌 질적인 비교이다. 성공도 마찬가지다. 양적인 비교에 치중한다면 성공의 조건은 많은 돈을 버는 것, 높은 지위에 오르는 것이 될 것이다. 그러나 내 기준에서 이는 성공의 필요조건도 충분조건도 아니다.

그보다는 신뢰를 주고 받는 관계, 훌륭한 가치를 위해 헌신하는 것, 마음에서 진정으로 우러나는 존중, 그리고 늘 타인을 배려하는 마음…이런 것이 더 소중한 성공의 조건이라고 생각한다.

이것은 실패의 경우도 마찬가지다. 실패에도 두 가지 종류가 있다고 생각하는데, 하나는 외형적인 실패이고 다른 하나는 질적인 실패이다. 어떤 사람들은 외형적인 실패에 민감하고 그것에 지나치게 좌절한다. 물론 실패를 거듭하는 것은 피해야 하지만, 우리가 진정으로 의식해야 하는 것은 질적인 면에서의 실패이다.

질적인 실패는 타인에게 잘 드러나지 않는다. 어떤 경우에는 전혀 실패로 보이지 않을 때도 있다. 나에게는 이런 실패의 경험이 무척 많다.

나는 대학에서 공부할 때 모든 자료와 정보를 수집한 후 판단하는 습관이 있었다. 이 버릇은 회사 초창기에도 이어져서 이로 인해 의사결정이 늦어진 경우가 몇 번 있었다. 물론 그것이 외형적으로 우리 회사의 발전을 크게 가로막거나 누구에게 피해를 준 것은 아니지만 나에게는 분명히 큰 실패로 기억되고 있다.

나는 비교를 할 때면 늘 질적 비교를 먼저 생각하려고 노력

> 어떤 사람들은 외형적인 실패에 민감하고 그것에 지나치게 좌절한다. 물론 실패를 거듭하는 것은 피해야 하지만, 우리가 진정으로 의식해야 하는 것은 질적인 면에서의 실패이다.

> 문제는 건강한 가치관을 가지는 것과 자기 기준에 부끄럽지 않도록 실천하는 것이다.

해왔다. 그리고 회사든 개인 생활이든 양적인 측면에서 벗어나려고 노력하는 한편, 질적인 의미에 대해 늘 고민해왔다. 또 그런 가운데 스스로의 노력으로 자신의 질을 높여가는 것이야말로 의미있는 것이라는 생각을 하게 되었다.

이런 맥락에서 경쟁에 있어서도 가장 경계해야 할 상대는 상대방이 아니라 자기자신이다. 현재의 위치에 만족하지 않고 노력하는 태도는 스스로를 경계하는 데서 나오게 되는데, 다른 회사와의 경쟁은 그 다음의 문제이다. 또 스스로를 경계하고 가장 힘겨운 상태로 유지시켜 나간다면 외부와의 경쟁에서도 나름대로 경쟁력을 갖출 수 있게 될 것이다.

칭찬과 비난도 마찬가지다. 칭찬이든 비난이든 다른 사람이 나를 어떻게 생각하느냐보다는, 내 스스로가 값지다고 생각하는 일에 최선을 다하면 그것으로 의미가 있는 것이지, 칭찬과 비난을 특별히 의식할 필요는 없을 것이다. 물론 사실에 근거한 비판에 대해서는 겸허하게 받아들이는 태도도 필요하다. 문제는 건강한 가치관을 가지는 것과 자기 기준에 부끄럽지 않도록 실천하는 것이다. 그리고 노력하는 가운데 값진 성과를 거둔다면 그 자체로 다행스러운 일이지, 그 결과를 무엇과 비교하는 것은 큰 의미가 없다. 그렇기에 외부의 칭찬에 크게 우쭐할 이유도 없으며, 내가 내 기준에서 최선을 다했다면 결과가 실패로 돌아온다 하더라도 기죽을 필요가 없다고 생각한다.

사실 이렇게 생각하며 살기 때문에 피곤할 때도 많다. 남과 비교하기보다 자기 질을 높여나가는 내 의지를 더 중시하다보니 엄격한 자기 기준이 생겨났기 때문이다. 그러나 한편으로는 이점도 있다. 자기만족에 취하지 않을 수 있고 지속적으로 노력할 수 있다는 점이 그것이다. 물론 노력하면 노력할수록 과거에는 보지 못했던 부족함이 많이 발견되기는 하지만, 나의 이런 삶의 방식을 바꿀 생각은 추호도 없다.

배려의 여러 모습들

　내 기준에서 배려의 의미는 상대의 발전을 자극하고 도와주는 마음과 태도이다. 역으로 배려를 받는다는 것은 남으로부터 그러한 마음가짐을 제공받는다는 것인데, 이는 무척 감사한 일이다.
　남을 배려하는 것이 얼마나 중요한지를 가르쳐주신 분은 부모님이셨다. 부모님께서는 무슨 일을 하건 간에 남을 먼저 생각하고 존중하라고 하셨고 늘 그것을 몸소 실천하셨다. 심지어 어머니는 나에게 늘 존대말을 쓰셨다.
　고등학교 때의 일이다. 급한 일로 택시를 타게 되어 어머니가 택시를 잡아주셨는데 차가 떠나자마자 기사가 내게 물었다. "형수님이신가요?" 내가 어머니라고 대답하자 그 사람은 깜짝 놀라면서 "학생은 훌륭한 어머니를 두었으니 나중에 그 은혜를 잊지 않고 잘 모셔야 한다"고 했다. 늘 듣던 말이라서 그랬는지 그날도 "다녀오세요" 하는 말에 그냥 "예" 하고 대답했던 것인데 택시기사가 그 점을 새삼스럽게 일깨워준 것이었다. 그런 영향으로 군 대위로 복무하던 시절에는 하급자들에게 반말이 나오지 않아 애를 먹기도 했다.

배려는 생활 속에서 여러 가지 형태로 나타날 수 있다. 내가 생각하는 배려의 모습은 이러한 것들이다.

이해하는 마음

나는 자라면서 책을 많이 읽었는데, 특히 소설을 통해 저마다 다른 성격을 가진 인물들을 만나면서 세상에는 다양한 사람들의 다양한 삶이 있다는 것을 간접적으로나마 이해하게 되었다.

이러한 학습은 결과적으로 사회생활을 하면서 '나는 옳고 너는 틀리다'는 일방적인 단정을 경계하게 해주었고, 상대방 입장이 되어서 생각하는 자세를 가지게 해주었다.

남에게 피해 안 주기

남에게 피해를 주는 것은 타인의 발전을 가로막고 상처를 주는 행동이다. 배려의 반대편에 있는 행동양식인 것이다. 그런데 남에게 피해를 주지 않고 사는 것은 결코 쉬운 일이 아니다.

나에게는 이와 관련하여 쉽게 잊혀지지 않는 경험이 있다. 초보운전 시절에 교통법규 위반 딱지를 뗀 사건이다. 당시 나는 좌회전 전용차선에 서 있었는데, 좌회전 신호가 들어왔는

> 나는 늘 어린시절 책에서 배운 대로 살려고 노력해 왔다. 그래서 내 설익은 생각과 판단 때문에 남이 상처를 입는 것을 경계할 수 있었고, 고객에게는 절대 피해를 주어서는 안 된다는 가치관을 가진 회사도 경영할 수 있게 되었다.

데도 직진하는 차들이 앞을 막고 비켜주지 않았다. 그러자 내 앞에 있던 좌회전 차량이 직진할 차를 피해 중앙선을 넘어 좌회전했고, 바빴던 나도 덩달아 좌회전을 했다. 나는 경찰에게 적발되었다. 그날 밤, 나는 심한 자책감에 잠을 이루지 못했다. 처음으로 해보는 위반이었다. 결과를 떠나 남에게 피해를 주는 일에 나도 참여했다는 사실에 무척 괴로웠다.

그날 이후, 나는 위반을 하지 않는 나만의 운전방식을 만들었다. 행선지로 가기 전에 지도로 길부터 익히고 주차장은 어디 있는지까지 확인한 후 길을 떠났다. 그러자 남에게 피해를 줄 일이 없어졌고 덩달아 나도 편해졌다.

남에게 피해를 주는 것은, 아무리 사소한 것일지라도 조심해야 한다고 생각하기 때문에 나는 늘 어린시절 책에서 배운 대로 살려고 노력해왔다. 그래서 내 설익은 생각과 판단 때문에 남이 상처를 입는 것을 경계할 수 있었고, 고객에게는 절대 피해를 주어서는 안 된다는 가치관을 가진 회사도 경영할 수 있게 되었다.

다양성 인정하기

자기 가치관을 타인에게 강요하지 않는 것도 배려의 또 다른 모습이다. 가령 나의 개인적인 가치관은 정직과 성실인데, 일단 이것은 나의 가치관일 뿐이다. 이것은 다른 이들이 가지고 있는 가치관에 비해 우월한 것이라고 말하기 곤란하며, 또 그렇게 생각하는 것은 옳은 일이 아니다. 이는 다양성에 대한 존중이라는 말로 대신할 수 있다.

    회사의 경우도 다양성은 매우 중요하다. 물론 조직의 구성원이 되면 그 회사의 핵심가치나 기업문화를 준수해야 하지만, 그와는 별개로 개개인의 성격, 기질, 취향은 항상 존중되어야 한다. 가령 우리 회사 사원 가운데에는 취미로 정통중국무술을 하는 사람도 있고 합기도 사범 출신도 있는데, 나는 그러한 독특한 취미가 회사 발전에 도움이 될지언정 방해가 된다고는 생각하지 않는다.

    다양함은 오히려 그 기업의 경쟁력이 되는 측면도 있다. 2000년에 우리 회사는 전 사원이 1박2일 동안 합숙하면서 MBTI 검사를 받은 적이 있다. 이것은 16가지로 나누어진 성격 타입 중 자기와 동료들의 성격 타입을 알아서 서로간의 이해의 폭을 넓히려는 시도에서 행해지는 검사이다. 일종의 팀워크 훈련인데, 검사 결과 우리 회사에서는 총 15가지 타입이 나왔다. 검사를 진행한 강사는 10년간 이 검사를 했는데 한 조직에서 이처럼 다양한 타입이 나온 곳은 우리 회사를 포함해 방송국, 외국계 회사 등 3곳뿐이었다고 말했다.

    강사는 또 한국기업들의 경우 직원들의 성격이 다양하지 않은 것은 순응이 중시되는 조직문화 때문인 경우가 많다고 했다. 아울러 성격 타입이 다양한 회사는 서로간에 협력관계가 잘 형성되면 굉장히 생산적인 모델이 될 수 있다고 설명했다. 이 결과를 통보받고, 비록 사원들의 가치관을 기준으로 채용하기는 했지만, 독단에 사로잡히지 않고 개개인의 성격 차이를 인정하면서 사람을 뽑았다는 사실에 안도하기도 했다.

다양성은 벤처기업에서 매우 중요한 요소다. 한 분야가 유망하다고 우르르 몰려가는 것, 그것만이 유일한 수익모델이라고 편견을 가지는 것도 다양성과는 거리가 먼 태도이다. 다양성을 추구할 때 파격적인 아이디어 생성, 매우 정교한 틈새시장 진출 등 여러 가지 시도를 해볼 수 있는 여지가 많아진다는 점도 벤처기업이 가지는 특징인 것이다.

상대방의 말 경청하기

경청하는 태도도 배려의 중요한 덕목이라고 생각한다. 목소리를 높여 자신의 주장만을 되풀이하는 것은 문제해결에 도움이 되기는커녕 양쪽 모두에 손해가 되는 경우가 많다. 이런 점에서 상대방의 이야기를 먼저 들어주는 자세도 필요하다고 생각한다. 경영에서도 이러한 태도는 자기집착과 편견을 막아주는 좋은 도구이거니와 수평적인 회사문화를 만드는 좋은 방법이기도 하다.

사심없이 대하기

남을 사심없이 대하는 것도 배려의 한 태도이다. 개인적인 관계에서 상대가 나에게 얼마나 도움이 되는가를 계산하면서 행동하는 것은 피곤한 일이며, 그러한 자세는 사람과의 관계를 순수하지 못하게 만들어 결국 안 좋은 결과를 불러온다. 이것은 기업이 고객을 매출 증진의 수단으로만 인식하면 훗날 문제가 생겨나는 것과 같은 이치이다.

　개인적인 관계에 있어서 사심을 버리면 세상사에서 뒤처지고 손해보는 것 같은 느낌이 들 수도 있다. 그러나 사심이 없는 관계는 쌓이고 쌓이는 가운데 그 무엇도 깰 수 없는 굳건한 믿음으로 나타나게 된다.

　물론 사람과의 관계에서 피해만 당하는 바보(일명 '봉')가 되어서는 안 되며 나도 그런 사람은 되고 싶지 않다. 그러나 더 많은 이익을 얻으려고 타인을 바보로 만드는 것, 진실을 왜곡하는 것은 정말 바람직하지 않다. 내가 개인적으로 남을 이용하는 사람을 가장 싫어하는 것도 그것이 배려에서 가장 크게 벗어난 행동이기 때문이다.

　나의 경우는 사심없이 사람들을 대하는 태도를 지키려고 했기 때문에 피해를 보기는커녕 되레 좋은 사람들을 많이 만날 수 있었다. 현재 우리 회사의 법률업무를 총괄하는 윤연수 사외이사도 1995년 서울지검 정보수사센터 자문위원으로 위촉장 받으러 갔다가 자문위원과 실무검사 사이로 처음 만났다. 이후 우리 두 사람은 먼 거리에서 일하면서도 사심없이 서로를 신뢰하고 서로의 발전을 비는 관계로 발전하였으며 결국 그는 우리 회사의 성장에 많은 도움을 주고 있다.

　가끔 나는 명분에 집착하는 사람 혹은 외곬수로 평가받는 경우가 있다. 그러나 이 부분에 대해 전혀 그렇지 않다고 말할 수 있는 것이, 자신만의 원리원칙에 충실하여 그것만을 고집하는 것과 타인을 배려하는 마음으로 사는 것은 전혀 다른 문제라고

> 배려의 중요성을 늘 생각하지만 다른 이들에게 배려하는 사람이 되라고 강요하지는 않는다. 그 자체가 배려하지 않는 태도이기 때문이다.
> 내가 현재 유일하게 그런 말을 할 자격이 있는 대상은 딱 한 사람, 초등학교에 다니는 내 딸뿐이다.

보기 때문이다.

그렇기에 개인적으로는 배려의 중요성을 늘 생각하지만 다른 이들에게 배려하는 사람이 되라고 강요하지는 않는다. 그 자체가 배려하지 않는 태도이기 때문이다.

내가 현재 유일하게 그런 말을 할 자격이 있는 대상은 딱 한 사람, 초등학교에 다니는 내 딸뿐이다. 딸은 내 말을 충실하게 따르는 편인데, 예전에는 늘 양보만 하는 바람에 친구들에게 손해만 보고 들어왔다. 아버지 입장에서는 몹시 속이 상했지만 딸을 달래주는 것 외에는 다른 방법이 없었다. 다른 아이의 부모에게 달려가 왜 애를 그렇게 키웠느냐고 지적하기에 앞서, 그래도 남을 배려하라고 말할 수밖에 없었던 것이다.

문제를 해결하는 몇 가지 방법들

나는 늘 나의 부족함을 인식하고 살기 때문에 어떤 문제와 마주칠 때마다 남보다 두세 배 더 많은 시간을 보낼 각오를 한다.

나는 내 나름대로 노력의 방법들을 생활화해왔는데, 결과적으로 이는 나와 회사의 성장에 큰 도움이 되었다. 지금 자기가 바라는 목표를 향해서 공부하는 분, 문제 해결에 고민하는 신생 벤처기업가들에게 혹 나의 문제 해결 방법이 도움이 될지 모르겠다.

평생 공부

나는 공부는 하면 할수록 사람을 겸손하게 만들어준다고 믿고 있다. 자만은 실패의 지름길이라고 생각해서 끊임없이 스스로를 경계하는 스타일인데 이때 가장 좋은 방법은 늘 공부하는 자세를 잃지 않는 것이다.

이런 자세는 현업에서도 굉장히 도움이 되었는데, 공부를 하면 할수록 많은 사람들이 얼마나 열심히 살고 있는지, 또 내가 얼마나 부족한지를 뼈저리게 알 수 있었다.

꾸준히 발전하기

지금 생각해도 나는 CEO로서 재능이 많이 부족하다. 그런 내가 CEO가 된 것은 나에게 있는 단점을 하나하나 극복하는 가운데 천천히 스스로를 향상시켜온 덕분이라고 생각한다. 오랫동안 같이 근무해오면서 미운 정 고운 정이 다 쌓인 한 사원은 나의 그런 면을 '내가 가진 유일한 저력'이라고 흉보기도 한다. 어쨌든 한 단계 한 단계씩 자기의 수준을 올려나가는 것은 매우 즐거운 일이다.

어린 시절 나는 성적이 좋지 않았다. 초등학교 시절엔 반에서 중간 정도의 성적이었다. 그런데 특이한 것은 그때 이후 성적이 떨어진 적이 없이 계속 올라갔다는 점이다. 고등학교 때도 마찬가지였다. 3학년에 올라가기 전까지 반에서 1등을 한 적은 한 번도 없었다. 그런데 조금씩 조금씩 올라가더니 3학년 때 처음으로 1등이란 걸 해보았다. 대학에 갔을 때도 입학성적은 별로 좋지 않았으나 조금씩 성적이 좋아지더니 졸업할 무렵에는 최상위 그룹에 들 수 있었다.

교과서대로 하기(기본을 충실히 하기)

종종 사회생활은 교과서대로 하면 안 된다는 말을 듣는다. 그런데 나는 여기에 찬성하지 않는다. 나는 아직도 교과서와 책은 지혜와 행동의 좋은 기준을 얻는 데 있어 가장 효과적인 도구라고 생각한다.

실제로 나는 책에서 어떻게 살아가야 하는지를 배웠고, 회사를 세운 후에도 경영에 도움이 되는 많은 지혜를 책에서 얻어 그대로 적용하여 성공한 경우가 많았다. 우리 주변에서도 교과서대로 경영을 하여 크게 성공한 기업을 찾아볼 수 있고, 이것은 벤처기업도 예외는 아니다.

최선을 다하기

사람은 어떤 환경에서든 늘 최선을 다하고 살아야 한다는 것은 부모님의 가르침이기도 했다. 이는 힘든 일이 있을 때마다 나에게 큰 힘이 되어준 삶의 지침이다.

어떤 상황에서건 자기에게 주어진 상태에서 최선을 다하지 않는다면 상황이 바뀌더라도 결국은 최선을 다하지 못하게 된다. 현재의 어려운 상황을 탓하지 않고 열심히 일할 수 있어야 상황이 바뀌더라도 열심히 할 수 있으며, 상황이 좋아지면 훨씬 더 성공할 수 있는 것이라고 생각한다. 그리고 이러한 태도는 빠른 시간 안에 문제를 해결하게 해준다.

> 종종 사회생활은 교과서대로 하면 안 된다는 말을 듣는다. 그런데 나는 여기에 찬성하지 않는다. 나는 아직도 교과서와 책은 지혜와 행동의 좋은 기준을 얻는 데 있어 가장 효과적인 도구라고 생각한다.

목적의식

학창시절에 나는 주어진 것만 열심히 했었다. 그런데 조교 생활과 박사과정을 거치면서는 내가 목적한 바를 이루기 위해 더 노력해야 한다는 절박감을 피부로 느끼게 되었다. 내가 잠든 시각에도 지구 어딘가에서 누군가가 나와 같은 분야의 주제를 두고 연구하고 있다는 생각을 하면 마음이 잠시도 편하지 않았다. 벤처기업을 경영하는 지금은 그러한 절박성, 내적인 압력이 점점 더 커지는 것을 느낀다.

CEO에게 있어 주어진 것만 열심히 하는 것은 또 하나의 직무유기처럼 느껴진다. 그러므로 일에 대한 분명한 목적의식을 가지고 노력하는 자세는 늘 나를 지배하고 있는데, 이런 태도는 회사의 성장과 나 자신의 내적인 역량을 높이는 데 도움을 주고 있다.

방심을 경계함

나는 우리 회사 사람들에게 과거의 성공은 미래의 실패를 불러올 수 있다는 말을 자주 하는 편이다. "우리 회사는 언제든지 망할 수 있다"는 얘기를 자주 하니까 어떤 직원은 회사 분위기를 생각해서라도 더 이상 그런 이야기를 하지 말아 달라고 부탁하기도 한다.

내가 그런 이야기를 자주 하는 것은 자기경계의 의미도 있지만, 과거에 이뤄놓은 것에 자족하는 순간 실패가 시작되는 것은 자연의 이치라고 생각하기 때문이다.

지나간 성취에 의미를 크게 부여하지 않는 태도는, 현재의 문제 해결뿐만 아니라 다가올 문제를 미리 해결하는 데도 크게 도움이 된다. 왜냐하면 늘 진지하게 긴장감을 유지하다보면 미처 보지 못했던 문제들까지 드러나기 때문이다.

2000년 10월에 동아일보가 주는 인촌상을 같이 수상한 소설가 박완서 선생님이 하신 말씀이 기억난다. 그분은 "이건 상이 아니라 벌입니다"라고 하셨는데, 지금 생각해보아도 정말 정확한 표현이란 생각이 든다.

> 소설가 박완서 선생님이 하신 말씀이 기억난다. 그분은 "이건 상이 아니라 벌입니다"라고 하셨는데, 지금 생각해보아도 정말 정확한 표현이란 생각이 든다.

새로움에 대한 적응

자랄 때부터 '공부'는 나에게 근원적인 즐거움을 주는 것이었다. 공부를 통해 새로운 지식과 개념을 발견하고 그것을 내재화하는 과정이 무척 즐거웠다.

의대시절에도 생리학을 전공으로 선택한 후 처음으로 전자공학을 대했는데 어렵지 않게 적응할 수 있었다. 또 선형대수, 미분방정식 등의 과목도 이 길을 택하지 않았다면 배우지 못했을 것이기에 더 즐거운 마음으로 공부할 수 있었다.

CEO가 된 다음에도 '내가 꼭 해야 할 일이고 남이 도저히 해줄 수 없는 일'이라면 최대한 빨리 그것에 적응하려고 노력했다. 이처럼 새로움에 적극적으로 적응하려는 태도는 눈앞에 닥친 문제 해결에 많은 도움이 되었다.

몰입

 사람은 저마다의 장점을 지니고 있는 존재라는 점에서 내가 유일하게 자신있어 하는 부분이 있다면 집중력이 아닐까 한다. 천둥이 쳐도 안 들린다는 말이 나에게는 사실일 정도로 나는 집중을 하면 무아지경에 빠지는 스타일이다. 어릴 때 책을 볼 때도 그랬고 대학에서 공부를 할 때도 그랬는데, 어떤 경우는 겨우 몇 분 동안 책을 봤다고 생각했다가 3~4시간이 지난 것을 알고 스스로 놀라기도 했다.

 이러한 집중력은 대학 성적에 큰 도움이 되었다. 의과대학에서의 공부량은 고등학교 때와는 비교할 바가 못 될 정도로 많았는데, 당시 나는 몸이 약해서 잠을 줄이는 것은 한계가 있기 때문에 집중해서 공부할 필요가 있기도 했다. 그래서 시험 때면 외울 항목이 많은 과목의 경우는 각 항목을 논리적으로 분류해서 재구성한 다음, 집중적으로 외웠다. 굉장히 효과가 있었고 그래서 공부할 양이 많은 과목일수록 성적이 좋게 나오는 기현상이 벌어지기도 했다.

 그런데 집중력은 회사가 생존할 수 있는 전략을 세우는 데에도 큰 도움이 된 것 같다.

 내가 보기에는 분명한 가치관과 목적의식만 있다면 누구나 몰입의 즐거움을 느끼면서 최선의 해결책을 만들어낼 수 있다.

장기적으로 생각하기

문제를 해결할 때 순간적인 영감이 해결의 단서가 되는 경우도 있다. 그렇지만 내가 살아온 경험을 두고 본다면 대부분의 경우 가장 지혜로운 해결책은 장기적인 관점에서 차근차근 찾아나가는 가운데 도출되는 것 같다. 사실 영감이라는 것도 어떤 문제를 오랜 기간 동안 마음속에서 되새김하는 과정을 거쳐야 떠오르는 것 아닌가.

이것은 하나의 문제를 해결하는 방법에서뿐만 아니라, 인생이나 사업의 경우에도 마찬가지라고 본다. 눈앞의 순간적인 이익에 연연하기 앞서 장기적인 관점에서 옳은 쪽으로 판단하고 차근차근 일을 진척시켜 나가는 것이야말로 결국에는 가장 큰 성공을 거둘 수 있는 해법인 것이다. 단기적인 이익이나 승부에 지나치게 집착하는 것은 더 큰 성공의 기회를 놓쳐버릴 위험을 늘 안고 있다.

원칙 중심의 판단과 선택

원칙에 입각해서 판단하고 행동하는 것은 결과적으로 질적인 성공을 보장하는 좋은 태도이다. 그러나 이것은 무척 어려운 일이다. 현실 속에서 원칙을 지키다보면 그 순간에는 오히려 크고 작은 피해를 볼 수 있기 때문이다.

현실적인 기준, 물질적인 기준으로 놓고 본다면 나는 원칙을 지키기 위해서 그 순간에는 무수히 많은 손해를 보면서 살아왔다. 조금만 원칙을 굽혔어도 장래가 보장된 대학교수 직

> 원칙이라는 것은 매사가 순조롭고 편안할 때에는 누구나 지킬 수 있다. 그런데 원칙을 원칙이게 하는 것은 어려운 상황, 손해를 볼 것이 뻔한 상황에서도 그것을 지키는 것에서 생겨난다.

분을 유지할 수 있었을 것이다. 그러나 분명히 옳다고 생각하는 것을 두고 내가 틀렸노라고 사과하긴 싫었다. 군의관으로 근무할 때에는 상관에게 성의 표시를 하지 않아 그 결과로 당직근무를 선 적도 있었다. 그렇지만 당장 편하려고 편법을 쓰기는 싫었다. 벤처 거품이 한창이었을 때 주변에서 닷컴 기업에 투자하면 엄청난 이익을 얻을 수 있다고 투자를 권유했지만 그 제의도 거절했다. 유관분야가 아니면 절대 투자하지 않는다는 나름의 원칙이 있었기에 가능한 일이었다.

앞으로도 나는 원칙을 지키기 위해 어떤 손해를 보게 될지 모른다. 하지만 나의 판단기준과 선택은 크게 달라지지 않을 것이다.

원칙이라는 것은 매사가 순조롭고 편안할 때에는 누구나 지킬 수 있다. 그런데 원칙을 원칙이게 만드는 힘은 어려운 상황, 손해를 볼 것이 뻔한 상황에서도 그것을 지키는 것에서 생겨난다. 상황이 어렵다고, 나만 바보가 되는 것 같다고 한두 번 자신의 원칙에서 벗어난다면 그것은 진정한 원칙이 아니며, 어떤 문제에 봉착했을 때 그것을 해결하고 돌파해 나가는 현명한 태도도 아니라고 생각한다. 스티븐 코비 박사의 말대로 원칙은 수시로 변경 가능한 지도가 아니라, 어떤 상황에서든 항상 정북을 가리키는 나침반이어야 하는 것이다.

나와의 만남, 나의 발견

회사를 경영하기 전까지 나는 나름대로 나에 대한 편견이 있었다. 어느 시기까지였는지 정확히 기억나지는 않지만, 나하고 회사 경영은 절대로 어울리지 않는다고 생각했었다. 의학을 공부할 때에도 사업이라는 말은 내겐 금기의 영역이었다. 대신 나는 "난 100% 학자스타일이다"라고 나 자신에 대한 정의를 내렸었다. 나를 아는 주위의 모든 사람들도 같은 판단이었다.

그런데 지금 돌이켜보면 내가 잘못 판단한 부분이 있었던 것 같다. 이러한 나의 경우를 토대로 아직 직업을 정하지 않은 분들에게 해주고 싶은 말이 있다. 자기의 감춰진 영역을 알아가려는 노력이 중요하다는 것이다.

세상에서 나 자신에 대해서 가장 모르는 사람은 바로 나 자신이 아닌가 하는 생각을 한 적이 있다. 오히려 타인은 나를 객관적으로 볼 수 있는데 나 스스로는 편견과 자기애에 사로잡혀 제대로 들여다보는 것이 힘들 때가 많기 때문이다. 그래서 매 순간에 자신에게 솔직해지는 것은 무척 중요한 문제인 것 같다.

누구나 새로운 분야에 뛰어들 때는 나와 같은 갈등과 자기 선입견을 가질 수 있다. 하고자 하는 마음은 자연스럽게 생성되었는데 자기 인식의 벽 때문에 자신감을 미리 꺾는 경우도 자주 본다.

그런 분들에게 감히 충고를 한다면, 자기 편견에 사로잡히지 말고 일단 시도를 해보라는 것이다. 그런데 중요한 것은 시도하는 것 자체가 아니라, 일단 시도한 것이라면 아주 열심히 해야 한다는 것이다. 열심히 하는 과정에서 실패를 할 수도 있고 성공을 할 수도 있는데, 그 결과보다 더 중요한 것은 그런 가운데 자기를 제대로 알아가는 것이며, 이 자체만으로도 무척 가치가 있다고 생각한다.

나의 경우도 경영을 선택해서 내 나름대로 최선을 다하는 가운데 나를 새롭게 발견하는 기회를 가질 수 있었지만, 거기에 이르는 과정이 너무 늦었다는 생각도 든다. 새로운 선택과 시도는 빠르면 빠를수록 좋다. 그것이 꼭 직업, 회사 일과 관련된 선택이 아니어도 상관없다. 그 무엇이든 자기 나름대로 가치가 있다는 판단이 들고 하고자 하는 마음이 있다면 시도를 해보는 것이 인간으로서의 특권 아니겠는가.

물론 지금의 교육 환경에서 고등학교 때까지는 그런 기회를 찾기 힘들겠지만, 그 이후에는 자기를 알아가려는 노력을 부단히 시도해야 할 것이다. 그런 사람만이 자기가 하는 일에 대한 정체성의 혼란에 빠지지 않게 될 것이다.

자기의 성격을 바꾸는 부분도 마찬가지다. 물론 천성은 변화시키기 힘들고 오히려 무리하게 바꾸려고 하면 더 큰 문제를 야기할 수도 있다. 나의 경우도 어린 시절부터 워낙 내성적인 성격이어서 고치려고 애를 쓰기도 하고 크면서 조금씩 극복하기도 했지만, 이런 천성이 회사경영에 큰 마이너스가 되는 요소는 아니라고 생각하기에 지금은 억지로 바꾸려고 하지 않는다. 또 그것 때문에 개인적으로 손해를 본 적도 있지만, 그렇다고 큰 상실감을 느끼지는 않는다.

그러나 변화 가능한 성격이나 행동양식의 문제는 다르다. 더구나 어떤 성격이나 스타일 때문에 타인에게 피해를 줄 여지가 있다면 적극적으로 바꾸려는 노력이 필요하다. 특히 회사의 존망에 매우 중요한 역할을 하는 CEO라면 더욱 적극적인 변화 노력이 필요하다.

나는 타인에게 피해를 주지 않으면서 나의 개인적인 발전을 지향하는 스타일인데, 회사를 세운 후에는 이런 요소를 고치려고 부단히 노력했다. 왜냐하면 CEO는 자기자신뿐만이 아니라 회사와 사원의 발전을 함께 생각해야 하는 존재이기 때문이다.

변하지 않을 것

 오래 전에 쓴 글을 다시 읽어보았을 때 그 글에 담긴 생각대로 변함없이 살았다는 것을 확인할 수 있다면 정말 다행스러운 일이다.

 내가 그리 뛰어난 재주를 가지지 않았음에도 불구하고 남보다 먼저 어떤 일을 할 수 있었다면, 그것은 일본인 수학자 히로나카 헤이스케가 쓴《학문의 즐거움》이란 책에서 배운 바가 크기 때문이다. 히로나카 헤이스케는 수학의 노벨상이라고 불리는 필드상을 받은 바 있는 저명한 수학자이며,《학문의 즐거움》은 그의 자전적 수필집이다.
 이 책을 처음 접한 것은 의과대학 대학원에 다닐 때였다. 나는 이 책을 통해 평생을 간직할 좌우명을 얻었다.
 "어떤 문제에 부딪히면 나는 미리 남보다 시간을 두세 곱절 더 투자할 각오를 한다. 그것이야말로 평범한 두뇌를 지닌 내가 할 수 있는 유일한 방법이다."

히로나카 헤이스케가 대학을 다닐 때 동기생들 중에는 수학적인 재능이 더 뛰어난 사람들이 많았다고 한다. 그래서 그는 대학시절부터 자신은 너무나도 평범한 사람이라는 사실을 스스로 인정해야만 했다. 그러나 그가 평범한 사람들과 달랐던 점은, 거기서 좌절하거나 안주한 것이 아니라 재능의 한계를 극복하려고 노력했다는 점이다.

내가 힘든 의과대학 생활을 하면서 동시에 컴퓨터 바이러스를 퇴치하는 백신 프로그램을 개발하고 컴퓨터 관련 글을 쓸 수 있었던 것도 히로나카 헤이스케의 이러한 정신을 본받고자 스스로를 채찍질했기 때문일 것이다. 의과대학 생활을 하는 중에는 도저히 다른 일을 할 짬을 낼 수가 없었다. 따라서 나는 새벽 3시에 일어나서 컴퓨터 일을 하는 방법을 택했다. 모두 잠이 든 새벽녘에 일어나서 6시까지 집중력을 발휘하면 평상시보다 몇 배의 일을 해낼 수 있었기 때문이다.

새벽에 프로그래밍을 하고 원고마감이 닥친 칼럼을 쓰다가 다른 사람들이 일어나는 시간이 되면 준비해서 의과대학으로 향하는 생활을 반복했다. 그렇게 하다보니 나도 모르는 사이에, 정보통신 업계에서 이름이 조금씩 알려지기 시작했다.

그러나 나는 남들의 부러움이나 칭찬을 받을 때마다 스스로 으쓱해지려는 마음의 싹을 싹둑 잘라버린다. 세상에는 알게 모르게 나보다 훨씬 뛰어난 사람이 많으며, 나 같은 사람은 정

"어떤 문제에 부딪히면 나는 미리 남보다 시간을 두세 곱절 더 투자할 각오를 한다. 그것이야말로 평범한 두뇌를 지닌 내가 할 수 있는 유일한 방법이다."

> 나는 남들의 부러움이나 칭찬을 받을 때마다 스스로 으쓱해지려는 마음의 싹을 싹둑 잘라 버린다. 세상에는 알게 모르게 나보다 훨씬 뛰어난 사람이 많으며, 나 같은 사람은 정말 아무것도 아니라고 생각하는 것이다.

말 아무것도 아니라고 생각하는 것이다.

나보다 훨씬 뛰어난 사람이 많다는 사실은 다른 책을 통해서도 확인할 수 있다. 노벨 물리학상 수상자 파인만이 쓴 자전적 수필집인 《파인만 씨, 농담도 잘 하시네요》를 읽었을 때에는 진정한 천재란 바로 이러한 사람을 두고 하는 말이라는 것을 깨달을 수 있었다. 파인만은 아주 어릴 적부터 상상을 초월하는 비범함을 보여주었고, 그의 천재성은 시도하는 일마다 빛을 발했다. 그러나 파인만은 자기 과시적으로 글을 쓴 것이 아니라 너무나 순수한 마음으로 자신이 살아온 과정을 서술했기 때문에 전혀 거부감을 주지 않았고 오히려 그의 순진함에 미소를 짓게 만들었다. 또 조금 재주가 있다고 해서 교만해져서는 안 되겠다는 생각을 하게 했다.

만일 나에게 끊임없이 연구하고 노력하는 자세가 있다고 한다면, 그것은 히로나카 헤이스케의 책뿐만 아니라 파인만의 책에서도 크게 영향을 받아서일 것이다. 백신 프로그램을 만들고 나서 사람들에게 큰 호응을 얻었을 때 나라고 왜 남들 칭찬에 자랑스럽다는 느낌이 들지 않았을까마는, 그럴 때마다 바로 파인만 교수를 생각하고 마음을 가다듬곤 했던 것이다.

물론 내 능력에 비해 벅찬 일도 많다. 내 수준에서 어려운 주제를 이해하고 쉽게 풀어쓰기 위해서는 당대의 천재들보다 두세 곱절 시간을 더 들여야 하는 것은 어쩌면 당연한 일인지도 모른다.

깨어 있는 한 순간이라도 헛되이 보내지 않겠다는 것은 앞으로도 내가 할 수 있는 유일한 방법인지도 모른다. 이것은 공연한 겸손이 아니라 분명한 사실이다.

앞의 글을 쓸 때는 내가 훗날 벤처기업의 사장이 되리라고는 전혀 생각하지 못했던 때였다. 오히려 만약 내가 사업을 한다면 99.99%는 망할 것이라고 지레 단정하던 시절이었고, 나는 의학자에 삶의 목표를 두고 있었다.

그런데 나는 결국 벤처기업의 경영자가 되었고 많은 일을 겪으면서 지금에 이르렀다. 그러나 나를 둘러싼 삶의 환경이 여러 가지로 바뀌었음에도 앞의 글을 쓸 때의 마음은 여전히 간직하고 있다.

앞에 말한 두 권의 책은 아직도 내 사무실의 책장에 그대로 꽂혀 있다. 책을 읽지도 않고 애장하는 것은 나에게는 어울리지 않는 일이지만 파인만의 경우는 예외여서 그의 물리학 강의를 모은 책도 고이 간직하고 있다. 요즘은 공부할 것, 생각할 것이 많아서 이 책들을 꺼내 읽어볼 여유가 없지만, 곁에 존재하는 것만으로도 나를 초심의 상태로 유지시켜 준다.

앞으로 CEO로서 회사의 성장을 위해서 바꾸어야 할 부분이 있다면 기꺼이 바꿀 것이다. 그러나 아주 많은 세월이 흐른 뒤에도 이 글에 담겨 있는 생각은 결코 변하지 않을 것이다.

> 앞으로 CEO로서 회사의 성장을 위해서 바꾸어야 할 부분이 있다면 기꺼이 바꿀 것이다. 그러나 아주 많은 세월이 흐른 뒤에도 이 글에 담겨 있는 생각은 결코 변하지 않을 것이다.

지친 영혼에 한줄기 빛을 선사하는 김영사의 책

성철스님 시봉이야기 1, 2
원택스님 지음 성철큰스님을 20년 간 모셨던 원택스님의 눈으로 다시 만나는 우리 시대의 큰 스승.

행복한 마음
김정섭 지음 지치고 고단한 영혼 위에 드리운 커다란 나무 그늘 같은 172가지 이야기. 대한출판문화협회선정 이달의 청소년도서

마음을 어디로 향하고 있는가
백성욱 지음/김원수 옮김 부처님은 아무데도 계시지 않는다, 나를 밝게 해주는 이가 곧 내 부처님이다.

마음에는 평화 얼굴에는 미소
틱낫한 지음/류시화 옮김 우리는 어디서 왔으며, 무엇이고, 어디로 가는가? 세계적인 영적 스승 틱낫한의 깨어있는 삶의 예술.

달라이 라마의 행복론
달라이 라마·하워드 커틀러 지음/류시화 옮김 당신은 행복한가? 달라이 라마와 미국의 정신과 의사가 나눈 행복에 대한 토론. 간행물윤리위원회 선정도서

공지영의 수도원 기행
공지영 지음 주님, 항복합니다! 날카로운 이성의 갑옷을 벗고 만난 영혼의 참모습. 세계일보·국민일보선정 히트상품

학문의 즐거움
히로나카 헤이스케 지음/방승양 옮김 즐겁게 공부하다 인생에도 도통해 버린 어느 늦깎이 수학자의 인생 이야기. 간행물윤리위원회 선정도서·대한출판문화협회선정 이달의 청소년도서

빵장수 야곱의 영혼의 양식
노아 벤샤 지음/류시화 옮김 전세계가 손꼽아 기다려온 영혼을 위한 최고의 양식.

내가 정말 알아야 할 모든 것은 유치원에서 배웠다
로버트 풀검 지음/박종서 옮김 세상에 숨어 있는 소박한 아름다움, 거창해보이지만 쉽고도 작은 진리들. 이화여자대학교 추천도서

그 빛에 감싸여
베티 이디 지음/박은숙 옮김 전세계인들로부터 뜨거운 감동을 불러일으킨 임사 체험 기록. 〈뉴욕타임스〉 120주 베스트셀러!

CEO 안철수, 영혼이 있는 승부
안철수 지음 "진정한 힘은 자기내면의 엄정한 기준에서 나온다". 안철수의 기업과 인생 경영, 세상과의 대화법. 간행물윤리위원회 선정도서

어머니 저는 해냈어요
김규환 지음 목숨걸고 노력하면 안되는 것이 없다! 공장 청소부에서 명장이 되기까지 아주 특별한 성공 비결.

나의 아버지 여운형
여연구 지음 여운형의 딸이 말하는 여운형의 삶과 사상, 미처 알려지지 않은 역사의 생생한 기록.

공부가 가장 쉬웠어요
장승수 지음 막노동꾼 출신 서울대 수석 합격자 장승수의 '일'과 '공부' 이야기. 간행물윤리위원회 선정도서·대한출판문화협회선정 이달의 청소년도서

프랭클린 자서전
벤저민 프랭클린 지음/이계영 옮김 세계적 리더들이 성공지침서로 삼아온 시간 관리와 자기계발 분야의 고전.

당신의 눈은 믿을 수 없다
앨 세켈 지음/신선영 옮김 상상력과 창의력, 사고와 인식의 전환, 창조적 아이디어, 예술적 영감을 위한 필독서. 전미도서관협회선정 최우수도서

유혹하는 글쓰기 - 스티븐 킹의 창작론
스티븐 킹 지음/김진준 옮김 헐리우드가 주목하는 세계적 베스트셀러 작가의 박진감 넘치는 글쓰기 비결. 간행물윤리위원회 선정도서

이 시대를 사는 따뜻한 사람들의 이야기
이민정 지음 실수를 해도 행복해지는 기적. 위대한 힘은 '따뜻함'에서 나온다.

성공하는 사람들의 7가지 습관
스티븐 코비 지음/김경섭 외 옮김 세계 초우량 기업들이 선택한 탁월한 자기계발 훈련지침서. 리더십 분야의 세계적 고전. 간행물윤리위원회 선정도서

삐에로 교수 배종수의 생명을 살리는 수학
배종수 지음 제7차 교육과정 편찬위원장이 학부모와 교사에게 전하는 대한민국 초등수학 지침서. 세계일보·국민일보선정 히트상품